LES 100 POÈMES (QU'IL FAUT ABSOLUMENT CONNAÎTRE)

Le Figaro : 14, boulevard Haussmann, 75009 Paris.
Directeur général, directeur de la publication : Marc Feuillée.
Directeur des rédactions : Alexis Brézet.
Directeur de la diversification éditoriale : Pierre Doncieux.
Auteur : Laurence Caracalla.
Directeur de création : Philippe Gruson.
SR-révision : Nicolas Stanzick.
Maquette : Jean-Marie Coudray, Franck Varillon, Sophie Trotin et Sarah Zanet.

Éditeur : Robert Mergui.
Chef de projet en charge de la coordination éditoriale : Nathalie Hervo.
Directeur industriel : Marc Tonkovic.
Directeur de la diffusion : Philippe Grinberg.
Chargée de communication : Aurélie Broux.
Pré-presse : Emmanuelle Dauer, Alain Penet, Corinne Videau.

ISBN : 978-2-8105-0853-2

Achevé d'imprimer en mars 2019 sur les Presses de l'imprimerie POLLINA, France - 88619.

PRÉFACE

Ça a commencé à l'école par *La Cigale et la Fourmi*, et ça n'a jamais cessé. Les poètes nous accompagnent depuis l'enfance. Des années après, nous invitons toujours Mignonne à aller voir si la rose, et il n'a pas cessé de pleuvoir sur Barbara et sur Brest. Ils sont nos amis et même nos complices. Ils nous ont aidés et consolés. Ils disent ce que nous ressentons mieux que nous ne saurions le faire.

Des années après, nous retrouvons avec plaisir Villon et Brauquier, Musset, Apollinaire et Aragon. Et nous découvrons encore des vers de Saint-John Perse qui nous nourrissent de couleurs et d'odeurs. Ceux de Marceline Desbordes-Valmore, de Louise Colet ne laissent pas de nous faire tressaillir. Nous nous promettons de les apprendre un jour et de les réciter, de chic, comme la tirade d'Andromaque sue depuis nos quinze ans.

Il serait injuste de cantonner la poésie à notre for intime. Par elle, nous nous souvenons que l'admiration d'Hugo pour Napoléon Ier était inversement proportionnelle à son dédain pour son neveu Napoléon III. Et que des vers de Verlaine ont servi de nom de code à l'annonce du débarquement de Normandie. La poésie peut être quelque chose comme une œuvre de salut public.

Elle sert de baume pour le chagrin et de chambre d'écho pour l'émotion. Poète, prends ton luth et me donne un baiser…

Étienne de Montety
Directeur du *Figaro littéraire*

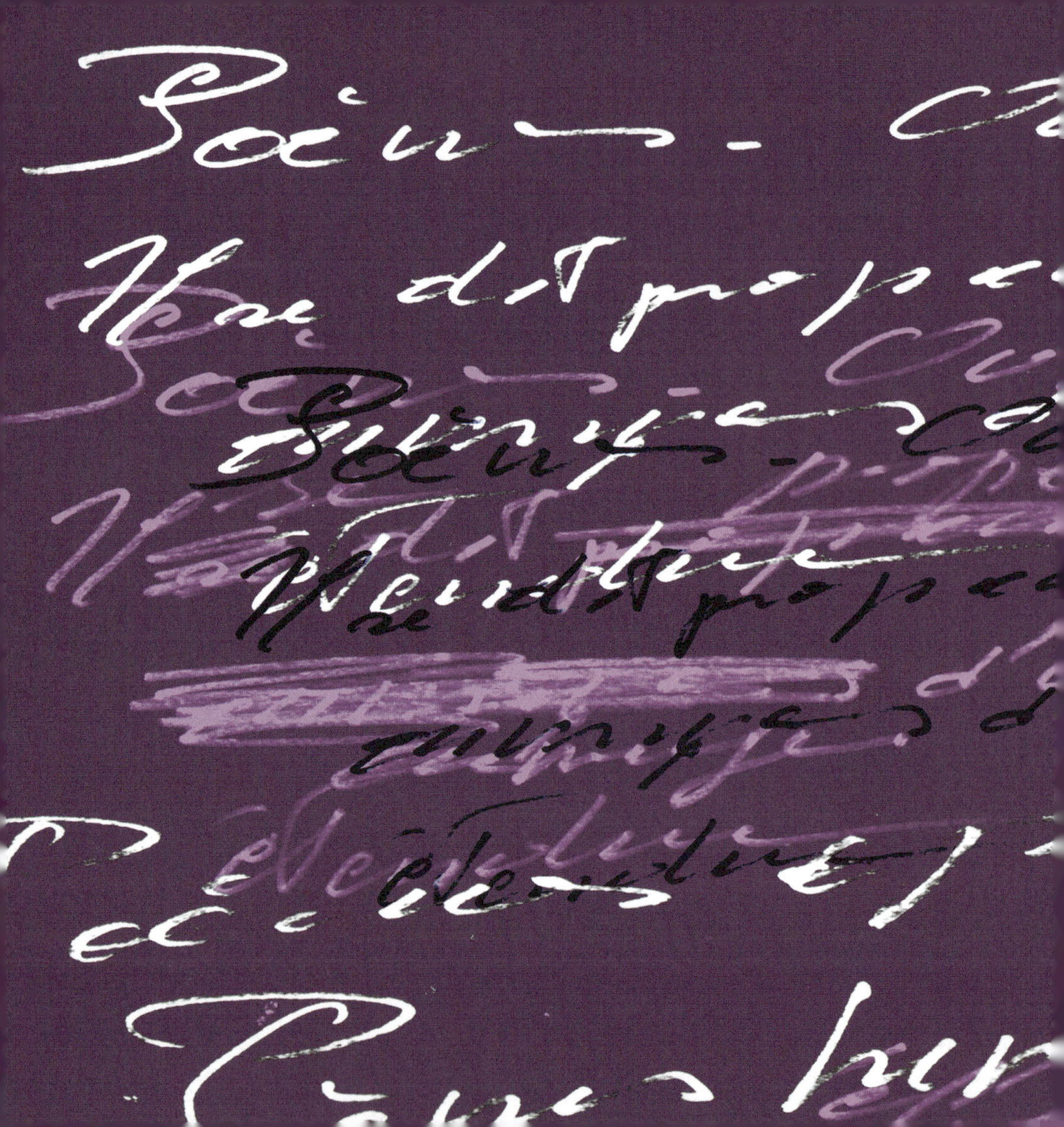

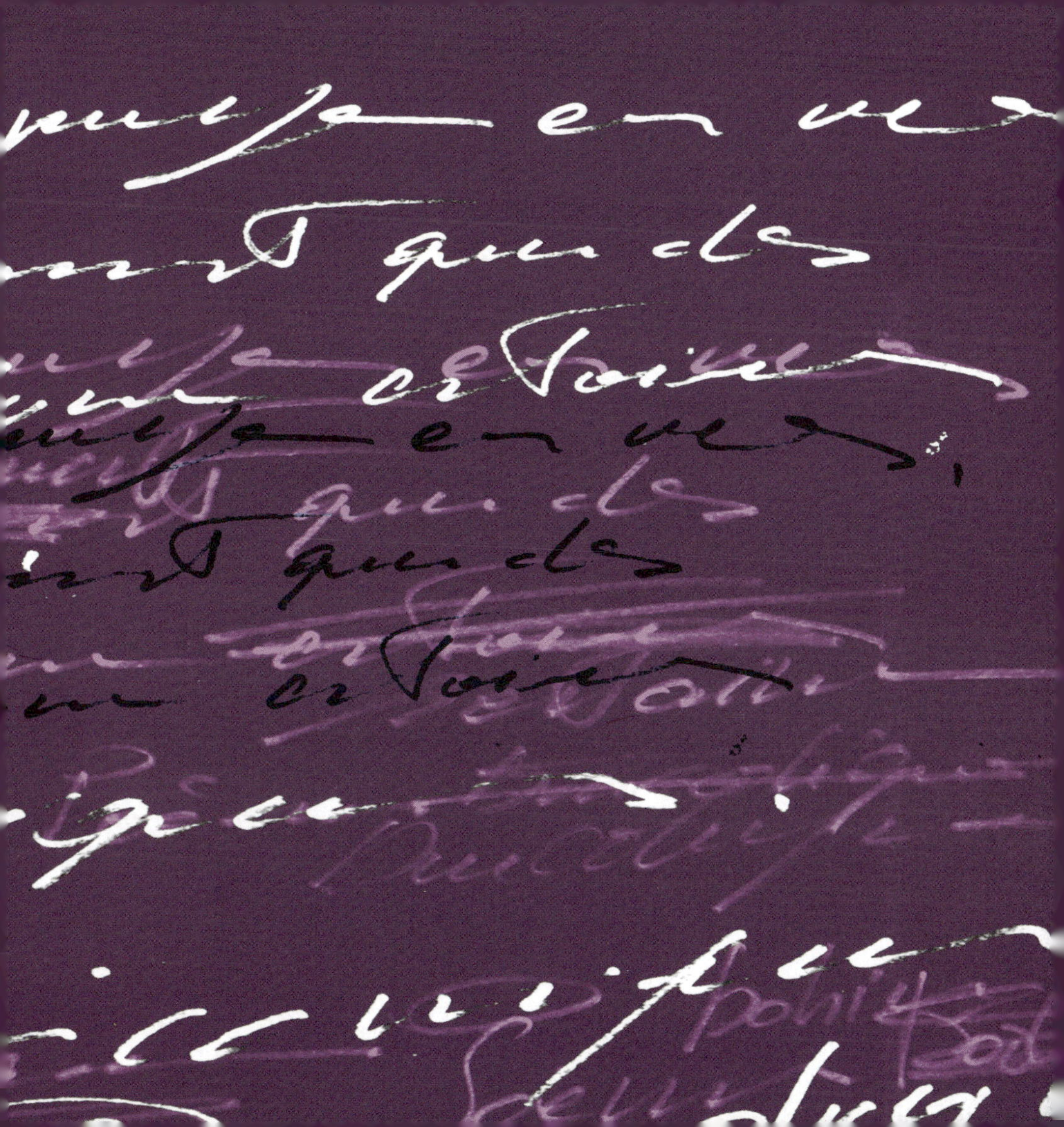

Les maux ne savent seuls venir ;
Tout ce qui m'était à venir
Est advenu.
Que sont mes amis devenus
Que j'avais de si près tenus
Et tant aimés ?
Je crois qu'ils sont trop clair semés
Ils ne furent pas bien fumés,
Si m'ont failli.

RUTEBEUF

(vers 1230–vers 1285)

***On ne sait presque rien sur ce poète du Moyen Âge.
Peut-être était-il jongleur, sans doute originaire de Champagne…
Si son œuvre est si originale, si aujourd'hui encore sa « Complainte » demeure célèbre, c'est qu'il a su rompre avec la tradition des trouvères et de l'amour courtois pour oser la satire et dénoncer l'hypocrisie, aborder des sujets jusqu'ici jamais traités par ses contemporains : la misère, la rudesse de la vie.***

La Complainte de Rutebeuf

Que sont mes amis devenus
Que j'avais de si près tenus
Et tant aimés
Ils ont été trop clairsemés
Je crois le vent les a ôtés
L'amour est morte
Ce sont amis que vent me porte
Et il ventait devant ma porte
Les emporta

Avec le temps qu'arbre défeuille
Quand il ne reste en branche feuille
Qui n'aille à terre
Avec pauvreté qui m'atterre
Qui de partout me fait la guerre
Au temps d'hiver
Ne convient pas que vous raconte
Comment je me suis mis à honte
En quelle manière

Que sont mes amis devenus
Que j'avais de si près tenus
Et tant aimés
Ils ont été trop clairsemés
Je crois le vent les a ôtés
L'amour est morte
Le mal ne sait pas seul venir
Tout ce qui m'était à venir
M'est advenu

Pauvre sens et pauvre mémoire
M'a Dieu donné, le roi de gloire
Et pauvre rente
Et droit au cul quand bise vente
Le vent me vient, le vent m'évente
L'amour est morte
Ce sont amis que vent emporte
Et il ventait devant ma porte
Les emporta

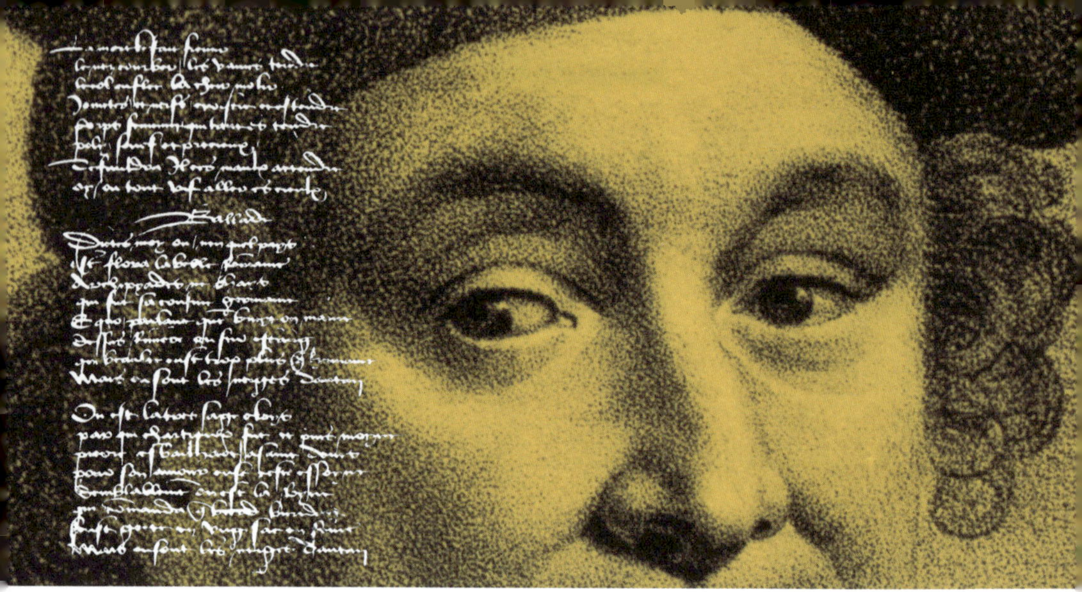

Une nuit de 1455, le destin de François Villon bascule :
Il tue un prêtre au cours d'une rixe. Ce sera le début d'une vie chaotique, entrecoupée d'emprisonnements et de condamnations.
Son œuvre est teintée de désespoir et de mélancolie, d'amertume et d'obsession du temps qui passe.
À la fois poète maudit et escroc, il connaîtra une gloire posthume : vingt ans après sa mort, sa poésie est enfin publiée et reçoit un accueil triomphal.

François VILLON

(vers 1431-vers 1463)

Ballade des dames du temps jadis

Dites-moi, où et en quel pays
Est Flora, la belle romaine,
Alcibiade et Thaïs
Qui fut sa cousine germaine ?
Écho, qui parle quant on fait du bruit
Au-dessus d'une rivière ou d'un étang
Et eut une beauté surhumaine ?
Mais où sont les neiges d'antan ?

Où est la très savante Héloïse
Pour qui fut émasculé puis se fit moine
Pierre Abélard à Saint-Denis ?
C'est pour son amour qu'il souffrit cette mutilation.
De même, où est la reine
Qui ordonna que Buridan
Fût enfermé dans un sac et jeté à la Seine ?
Mais où sont les neiges d'antan ?

La reine blanche comme un lys
Qui chantait comme une sirène,
Berthe au Grand Pied, Béatrice, Alix,
Erembourg qui gouverna le Maine,
Et Jeanne, la bonne lorraine
Que les Anglais brûlèrent à Rouen,
Où sont-elles, Vierge souveraine ?
Mais où sont les neiges d'antan ?

Prince, gardez-vous de demander, cette semaine
Ou cette année, où elles sont,
De crainte qu'on ne vous rappelle ce refrain :
Mais où sont les neiges d'antan ?

Clément MAROT

(1496-1544)

Clément Marot vit d'abord à la cour du roi François Ier avant d'être arrêté pour avoir mangé « lard en carême ». Transféré à la prison du Châtelet, il y écrit son célèbre poème satirique « L'Enfer ». Mais il est aussi le chantre de l'amour et inspirera du Bellay ou Ronsard. Grand admirateur de François Villon, c'est à lui qu'on doit la première édition critique de son œuvre, soixante-dix ans après sa mort. Marot est aujourd'hui considéré comme le tout premier poète français moderne.

De sa grande amie

Dedans Paris, Ville jolie,
Un jour passant mélancolie
Je pris alliance nouvelle
À la plus gaie damoiselle
Qui soit d'ici en Italie.

D'honnêteté elle est saisie,
Et crois selon ma fantaisie
Qu'il n'en est guère de plus belle
Dedans Paris.

Je ne vous la nommerai mie
Sinon que c'est ma grand amie,
Car l'alliance se fit telle,
Par un doux baiser, que j'eus d'elle,
Sans penser aucune infamie
Dedans Paris.

Joachim du BELLAY

(1522-1560)

Lorsqu'il rencontre Pierre de Ronsard dans une auberge vers 1547, du Bellay décide de changer de vie. Lui aussi sera poète – et quel poète ! Les deux amis viennent à Paris et publient chacun à leur tour des sonnets qui obtiennent un grand succès. « Heureux qui comme Ulysse » est sans doute le plus beau des poèmes sur le mal du pays, un mal qui frappe du Bellay lorsqu'en 1553, il est obligé de vivre à Rome pour suivre son oncle cardinal.

Heureux qui comme Ulysse

Heureux qui, comme Ulysse, a fait un beau voyage,
Ou comme cestuy-là qui conquit la toison,
Et puis est retourné, plein d'usage et raison,
Vivre entre ses parents le reste de son âge !

Quand reverrai-je, hélas, de mon petit village
Fumer la cheminée, et en quelle saison
Reverrai-je le clos de ma pauvre maison,
Qui m'est une province, et beaucoup davantage ?

Plus me plaît le séjour qu'ont bâti mes aïeux,
Que des palais Romains le front audacieux,
Plus que le marbre dur me plaît l'ardoise fine :

Plus mon Loire gaulois, que le Tibre latin,
Plus mon petit Liré, que le mont Palatin,
Et plus que l'air marin la douceur angevine.

du Bellay

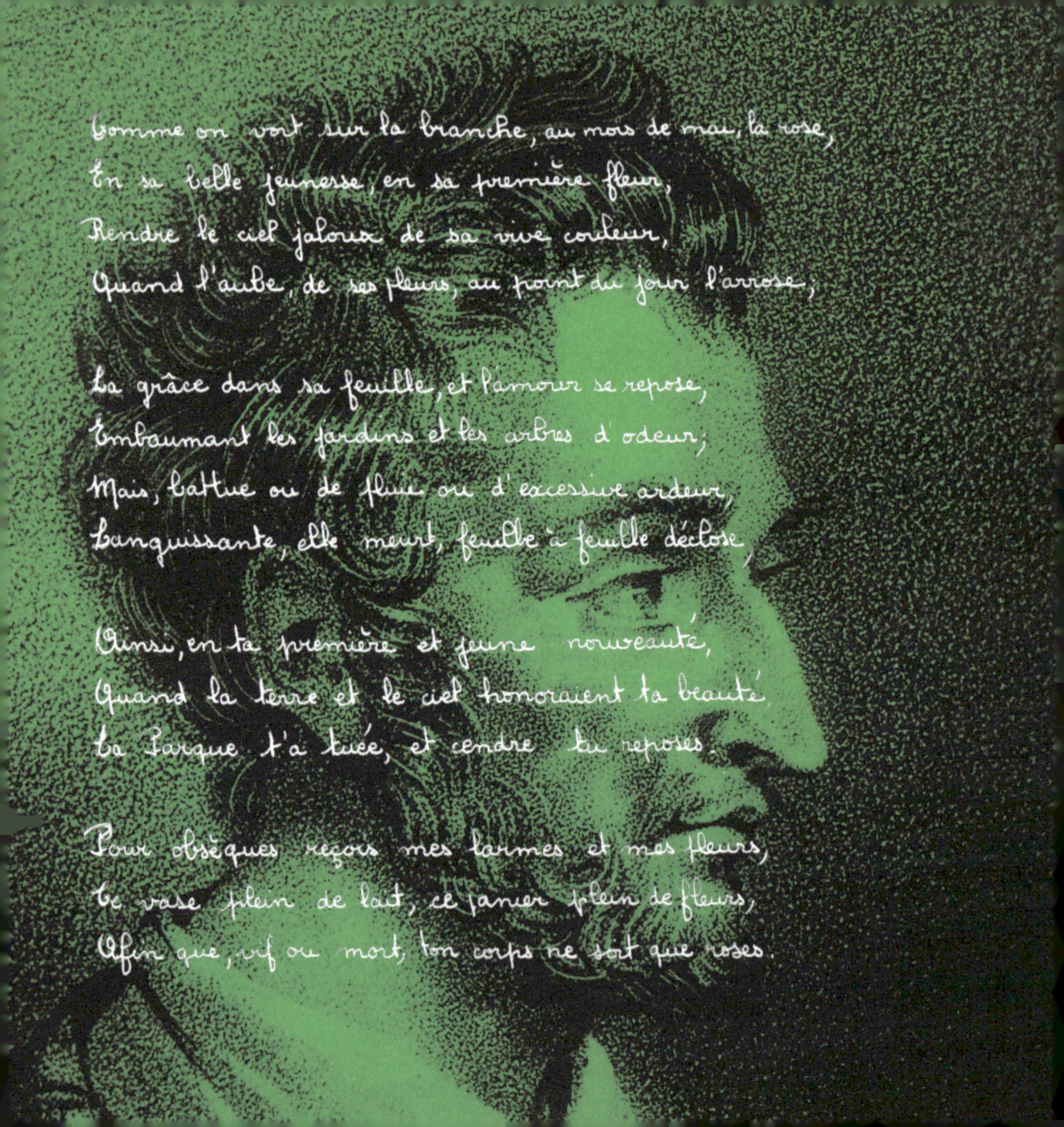
Comme on voit sur la branche, au mois de mai, la rose,
En sa belle jeunesse, en sa première fleur,
Rendre le ciel jaloux de sa vive couleur,
Quand l'aube, de ses pleurs, au point du jour l'arrose;

La grâce dans sa feuille, et l'amour se repose,
Embaumant les jardins et les arbres d'odeur;
Mais, battue ou de pluie ou d'excessive ardeur,
Languissante, elle meurt, feuille à feuille déclose,

Ainsi, en ta première et jeune nouveauté,
Quand la terre et le ciel honoraient ta beauté,
La Parque t'a tuée, et cendre tu reposes.

Pour obsèques reçois mes larmes et mes pleurs,
Ce vase plein de lait, ce panier plein de fleurs,
Afin que, vif ou mort, ton corps ne soit que roses.

Pierre de RONSARD

(1524-1585)

Si les femmes ont été la grande affaire de la vie de Ronsard, trois ont compté plus que tout : Cassandre Salviati, Marie Dupin et Hélène de Surgères. Pour elles, il compose les plus beaux et les plus célèbres des sonnets, qu'aujourd'hui encore, chaque écolier connaît sur le bout des doigts ! « Mignonne » est dédié à Cassandre, les « Sonnets » sont adressés à Hélène, bien plus jeune que lui, un amour tendre mais désespéré.

Pierre de RONSARD

(1524-1585)

Mignonne, allons voir si la rose

Mignonne, allons voir si la rose
Qui ce matin avait déclose
Sa robe de pourpre au soleil,
A point perdu cette vesprée,
Les plis de sa robe pourprée,
Et son teint au vôtre pareil.

Las ! voyez comme en peu d'espace,
Mignonne, elle a dessus la place
Las, las ses beautés laissé choir
Ô vraiment marâtre Nature,
Puis qu'une telle fleur ne dure
Que du matin jusques au soir !

Donc, si vous me croyez, mignonne,
Tandis que votre âge fleuronne
En sa plus verte nouveauté,
Cueillez, cueillez votre jeunesse :
Comme à cette fleur la vieillesse
Fera ternir votre beauté

Sonnets pour Hélène

Quand vous serez bien vieille, au soir, à la chandelle,
Assise auprès du feu, dévidant et filant,
Direz, chantant mes vers, en vous émerveillant :
« Ronsard me célébrait du temps que j'étais belle ! »

Lors, vous n'aurez servante oyant telle nouvelle,
Déjà sous le labeur à demi sommeillant,
Qui au bruit de mon nom ne s'aille réveillant,
Bénissant votre nom de louange immortelle.

Je serai sous la terre, et, fantôme sans os,
Par les ombres myrteux je prendrai mon repos ;
Vous serez au foyer une vieille accroupie,

Regrettant mon amour et votre fier dédain.
Vivez, si m'en croyez, n'attendez à demain :
Cueillez dès aujourd'hui les roses de la vie.

Ne reprenez, Dames, si i'ay aymé:
Si i'ay senti mile torches ardentes,
Mile trauaus, mile douleurs mordentes:
Si en pleurant, i'ay mon tems consumé,
Las que mon nom n'en soit par vous blamé.
Si i'ay failli, les peines sont presentes,
N'aigrissez point leurs pointes violentes:
Mais estimez qu'Amour, a point nommé,
Sans votre ardeur d'un Vulcan excuser,
Sans la beauté d'Adonis acuser,
Pourra, s'il veut, plus vous rendre amoureuses:
En ayant moins que moy d'ocasion,
Et plus d'estrange & forte passion.
Et gardez vous d'estre plus malheureuses.

Louise LABÉ

(1524-1566)

Parce que son père et son mari sont cordiers, on l'appelle la « Belle Cordière ». Séduisante et très cultivée, elle ose les pires extravagances pour une femme de l'époque, s'habillant en homme pour monter à cheval, et apprenant l'art des armes. Lyonnaise, elle est la seule poétesse de sa ville à être publiée de son vivant et son recueil qui célèbre l'amour passion est un immense succès dès sa parution. Luttant pour l'égalité des hommes et des femmes, elle demeure la grande féministe de la Renaissance.

Louise LABÉ

(1524-1566)

Je vis, je meurs ; je me brûle et me noie

Je vis, je meurs ; je me brûle et me noie ;
J'ai chaud extrême en endurant froidure :
La vie m'est et trop molle et trop dure.
J'ai grands ennuis entremêlés de joie.

Tout à un coup je ris et je larmoie,
Et en plaisir maint grief tourment j'endure ;
Mon bien s'en va, et à jamais il dure ;
Tout en un coup je sèche et je verdoie.

Ainsi Amour inconstamment me mène ;
Et, quand je pense avoir plus de douleur,
Sans y penser je me trouve hors de peine.

Puis, quand je crois ma joie être certaine,
Et être au haut de mon désiré heur,
Il me remet en mon premier malheur.

Tant que mes yeux pourront larmes épandre

Tant que mes yeux pourront larmes épandre
À l'heur passé avec toi regretter,
Et qu'aux sanglots et soupirs résister
Pourra ma voix, et un peu faire entendre ;

Tant que ma main pourra les cordes tendre
Du mignard luth, pour tes grâces chanter ;
Tant que l'esprit se voudra contenter
De ne vouloir rien fors que toi comprendre,

Je ne souhaite encore point mourir.
Mais, quand mes yeux je sentirai tarir,
Ma voix cassée, et ma main impuissante,

Et mon esprit en ce mortel séjour
Ne pouvant plus montrer signe d'amante,
Prierai la mort noircir mon plus clair jour.

Pernette du GUILLET

(1520-1545)

À la fois poétesse et musicienne, Pernette du Guillet s'accompagne au luth pour chanter ses vers. On sait peu de chose sur la vie de cette femme victime, à l'âge de vingt-cinq ans, d'une épidémie de peste. Tout juste si on apprend qu'elle fut amoureuse du poète Maurice Scève.
Un amour impossible, puisqu'elle était déjà promise à un autre. Ses vers, délicats et touchants, sont peu nombreux mais si exaltés qu'ils continuent, aujourd'hui encore, à toucher en plein cœur.

Ne me devez-vous bien aimer

Quand vous voyez, que l'étincelle
Du chaste Amour sous mon aisselle
Vient tous les jours à s'allumer,
Ne me devez-vous bien aimer ?

Quand vous me voyez toujours celle,
Qui pour vous souffre, et son mal cèle,
Me laissant par lui consumer,
Ne me devez-vous bien aimer ?

Quand vous voyez, que pour moins belle
Je ne prends contre vous querelle,
Mais pour mien vous veux réclamer,
Ne me devez-vous bien aimer ?

Quand pour quelque autre amour nouvelle
Jamais ne vous serai cruelle,
Sans aucune plainte former,
Ne me devrez-vous bien aimer ?

Quand vous verrez que sans cautelle
Toujours vous serai été telle
Que le temps pourra affermer,
Ne me devrez-vous bien aimer ?

François de MALHERBE

(1555-1628)

Il devra attendre l'âge de cinquante ans pour devenir un personnage important du royaume. En effet, Henri IV, séduit par les rimes de François de Malherbe, le consacre poète officiel de la cour. Désormais, il célèbre les proches du monarque tout en poursuivant son désir inébranlable d'épurer la langue française. En cela, il est autant considéré comme un maître de la poésie qu'un maître de la langue.

Beauté, mon cher souci…

Beauté, mon cher souci, de qui l'âme incertaine
A, comme l'Océan, son flux et son reflux,
Pensez de vous résoudre à soulager ma peine,
Ou je me résoudrai à ne la souffrir plus.

Vos yeux ont des appas que j'aime et que je prise,
Et qui peuvent beaucoup dessus ma liberté,
Mais pour me retenir, s'ils font cas de ma prise,
Il leur faut de l'amour autant que de beauté.

Quand je pense être au point que cela s'accomplisse,
Quelque excuse toujours en empêche l'effet ;
C'est la toile sans fin de la femme d'Ulysse,
Dont l'ouvrage du soir au matin se défait.

Madame, avisez-y, vous perdez votre gloire
De me l'avoir promis et vous rire de moi.
S'il ne vous en souvient, vous manquez de mémoire ;
Ou s'il vous en souvient, vous n'avez point de foi.

J'avais toujours fait compte, aimant chose si haute,
De ne m'en séparer qu'avec le trépas ;
S'il arrive autrement, ce sera votre faute,
De faire des serments et ne les tenir pas.

Epigramme

Jean de LA FONTAINE

(1621-1695)

En 1668, paraissent les fables du génial La Fontaine et le succès est immédiat. Trois cent cinquante ans plus tard, qui ne connaît pas au moins un de ses vers ? Les ridicules agissements du bestiaire qu'il imagine sont autant d'attaques à la toute-puissance du roi, à l'hypocrisie de la cour et même à la petite noblesse provinciale imbue d'elle-même. Le temps passe, les fables n'ont pas pris une ride. Mieux, elles semblent chaque fois davantage d'actualité…

Jean de LA FONTAINE

(1621-1695)

Le Chêne et le Roseau

Le Chêne un jour dit au Roseau :
« Vous avez bien sujet d'accuser la Nature ;
Un Roitelet pour vous est un pesant fardeau.
Le moindre vent, qui d'aventure
Fait rider la face de l'eau,
Vous oblige à baisser la tête :
Cependant que mon front, au Caucase pareil,
Non content d'arrêter les rayons du soleil,
Brave l'effort de la tempête.
Tout vous est Aquilon, tout me semble Zéphyr.
Encor si vous naissiez à l'abri du feuillage
Dont je couvre le voisinage,
Vous n'auriez pas tant à souffrir :
Je vous défendrais de l'orage ;
Mais vous naissez le plus souvent

Sur les humides bords des Royaumes du vent.
La nature envers vous me semble bien injuste.
– Votre compassion, lui répondit l'Arbuste,
Part d'un bon naturel ; mais quittez ce souci.
Les vents me sont moins qu'à vous redoutables.
Je plie, et ne romps pas. Vous avez jusqu'ici
Contre leurs coups épouvantables
Résisté sans courber le dos ;
Mais attendons la fin. » Comme il disait ces mots,
Du bout de l'horizon accourt avec furie
Le plus terrible des enfants
Que le Nord eût portés jusque-là dans ses flancs.
L'Arbre tient bon ; le Roseau plie.
Le vent redouble ses efforts,
Et fait si bien qu'il déracine
Celui de qui la tête au Ciel était voisine
Et dont les pieds touchaient à l'Empire des Morts.

Jean de LA FONTAINE

(1621-1695)

Le Loup et le Chien

Un loup n'avait que les os et la peau,
Tant les chiens faisaient bonne garde.
Ce loup rencontre un dogue aussi puissant que beau,
Gras, poli, qui s'était fourvoyé par mégarde.
L'attaquer, le mettre en quartiers,
Sire loup l'eût fait volontiers ;
Mais il fallait livrer bataille,
Et le mâtin était de taille
À se défendre hardiment.
Le loup donc, l'aborde humblement,
Entre en propos, et lui fait compliment
Sur son embonpoint, qu'il admire.
« Il ne tiendra qu'à vous, beau sire,
D'être aussi gras que moi, lui répartit le chien.
Quittez les bois, vous ferez bien :
Vos pareils y sont misérables,
Cancres, hères, et pauvres diables,
Dont la condition est de mourir de faim.
Car quoi ? rien d'assuré ; point de franche lippée ;
Tout à la pointe de l'épée.

Suivez-moi, vous aurez un bien meilleur destin. »
Le loup reprit : « Que me faudra-t-il faire ?
– Presque rien, dit le chien : donner la chasse aux gens
Portants bâtons et mendiants ;
Flatter ceux du logis, à son maître complaire :
Moyennant quoi votre salaire
Sera force reliefs de toutes les façons :
Os de poulets, os de pigeons,
Sans parler de mainte caresse. »
Le loup déjà se forge une félicité
Qui le fait pleurer de tendresse.
Chemin faisant, il vit le cou du chien pelé.
« Qu'est-ce là ? lui dit-il. – Rien. – Quoi ? rien ? – Peu de chose.
Mais encor ? – Le collier dont je suis attaché
De ce que vous voyez est peut-être la cause.
– Attaché ? dit le loup : vous ne courez donc pas
Où vous voulez ? – Pas toujours ; mais qu'importe ?
– Il importe si bien, que de tous vos repas
Je ne veux en aucune sorte,
Et ne voudrais pas même à ce prix un trésor. »
Cela dit, maître loup s'enfuit, et court encor.

mais quels éclats, amis ? — c'est la voix de julie.
entrons. o quelle nuit ! joye, ivresse, folie !
que de seins envahis et mollement pressés !
malgré de vains efforts que d'appas caressés !
que de charmes divins forcés dans leur retraite
il faut que de la Seine au cri de notre fête
le flot résonne au loin de nos jeux égayé.
et qu'en son lit voisin le marchand éveillé
écoutant nos plaisirs d'une oreille jalouse,
redouble ses baisers à sa trop jeune épouse.
54.

André CHÉNIER

(1762-1794)

Depuis l'adolescence, André Chénier compose des vers. Poète né, il est aussi militant politique. Révolutionnaire « modéré », il finit par prendre la défense du roi Louis XVI et sera guillotiné. Il n'avait que trente et un ans et son œuvre ne sera jamais publiée de son vivant. Vingt-cinq ans après sa mort, elle sera redécouverte et inspirera toute la génération romantique. C'est en lisant ses vers que, dit-on, Musset écrivit les siens à l'âge de dix-sept ans.

André CHÉNIER

(1762-1794)

La Jeune Tarentine

Pleurez, doux alcyons, ô vous, oiseaux sacrés,
Oiseaux chers à Thétis, doux alcyons, pleurez.
Elle a vécu, Myrto, la jeune Tarentine.
Un vaisseau la portait aux bords de Camarine.
Là l'hymen, les chansons, les flûtes, lentement,
Devaient la reconduire au seuil de son amant.
Une clef vigilante a pour cette journée
Dans le cèdre enfermé sa robe d'hyménée
Et l'or dont au festin ses bras seraient parés
Et pour ses blonds cheveux les parfums préparés.
Mais, seule sur la proue, invoquant les étoiles,
Le vent impétueux qui soufflait dans les voiles
L'enveloppe. Étonnée, et loin des matelots,
Elle crie, elle tombe, elle est au sein des flots.

Elle est au sein des flots, la jeune Tarentine.
Son beau corps a roulé sous la vague marine.
Thétis, les yeux en pleurs, dans le creux d'un rocher
Aux monstres dévorants eut soin de la cacher.
Par ses ordres bientôt les belles Néréides
L'élèvent au-dessus des demeures humides,
Le portent au rivage, et dans ce monument
L'ont, au cap du Zéphir, déposé mollement.
Puis de loin à grands cris appelant leurs compagnes,
Et les Nymphes des bois, des sources, des montagnes,
Toutes frappant leur sein et traînant un long deuil,
Répétèrent : « hélas ! » autour de son cercueil.
Hélas ! chez ton amant tu n'es point ramenée.
Tu n'as point revêtu ta robe d'hyménée.
L'or autour de tes bras n'a point serré de nœuds.
Les doux parfums n'ont point coulé sur tes cheveux.

Qu'il est doux

Qu'il est doux, au retour de la froide saison,
Jusqu'au printemps nouveau regagnant la maison,
De la voir devant vous accourir au passage,
Ses cheveux en désordre épars sur son visage !
Son oreille de loin a reconnu vos pas :
Elle vole, et s'écrie, et tombe dans vos bras ;
Et sur vous appuyée et respirant à peine,
À son foyer secret loin des yeux vous entraîne.
Là, mille questions qui vous coupent la voix,
Doux reproches, baisers, se pressent à la fois.
La table entre vous deux à la hâte est servie
L'œil humide de joie, au banquet elle oublie
Et les mets et la table, et se nourrit en paix
Du plaisir de vous voir, de contempler vos traits.
Sa bouche ne dit rien, mais ses yeux, mais son âme,
Vous parlent ; et bientôt des caresses de flamme
Vous mènent à ce lit qui se plaignait de vous.
C'est là qu'elle s'informe avec un soin jaloux
Si beaucoup de plaisirs, surtout si quelque belle
Habitait la contrée où vous étiez loin d'elle.

je veux peindre
la Franc

Théodore AGRIPPA D'AUBIGNÉ

(1552-1630)

Enfant surdoué, il est, à seize ans, écuyer du futur Henri IV. Il devient son ami mais lorsque le roi abjure le calvinisme et se convertit au catholicisme, leur chemin se sépare. Au cours de la bataille de Casteljaloux, en 1577, il écrit « Les Tragiques », chef-d'œuvre de neuf mille vers, une violente charge contre les ennemis du protestantisme qui ne fera sa gloire qu'au XIXe siècle, quand cette œuvre magistrale sera enfin redécouverte.

Théodore AGRIPPA D'AUBIGNÉ

(1552-1630)

Je veux peindre la France

Je veux peindre la France une mère affligée,
Qui est, entre ses bras, de deux enfants chargée.
Le plus fort, orgueilleux, empoigne les deux bouts
Des tétins nourriciers ; puis, à force de coups
D'ongles, de poings, de pieds, il brise le partage
Dont nature donnait à son besson l'usage ;
Ce voleur acharné, cet Esaü malheureux,
Fait dégât du doux lait qui doit nourrir les deux,
Si que, pour arracher à son frère la vie,
Il méprise la sienne et n'en a plus d'envie.
Mais son Jacob, pressé d'avoir jeûné meshui,
Ayant dompté longtemps en son cœur son ennui,
À la fin se défend, et sa juste colère
Rend à l'autre un combat dont le champ et la mère.
Ni les soupirs ardents, les pitoyables cris,
Ni les pleurs réchauffés ne calment leurs esprits ;
Mais leur rage les guide et leur poison les trouble,

Si bien que leur courroux par leurs coups se redouble.
Leur conflit se rallume et fait si furieux
Que d'un gauche malheur ils se crèvent les yeux.
Cette femme éplorée, en sa douleur plus forte,
Succombe à la douleur, mi-vivante, mi-morte ;
Elle voit les mutins tout déchirés, sanglants,
Qui, ainsi que du cœur, des mains se vont cherchant.
Quand, pressant à son sein d'une amour maternelle
Celui qui a le droit et la juste querelle,
Elle veut le sauver, l'autre qui n'est pas las
Viole en poursuivant l'asile de ses bras.
Adonc se perd le lait, le suc de sa poitrine ;
Puis, aux derniers abois de sa proche ruine,
Elle dit : « Vous avez, félons, ensanglanté
Le sein qui vous nourrit et qui vous a porté ;
Or vivez de venin, sanglante géniture,
Je n'ai plus que du sang pour votre nourriture !

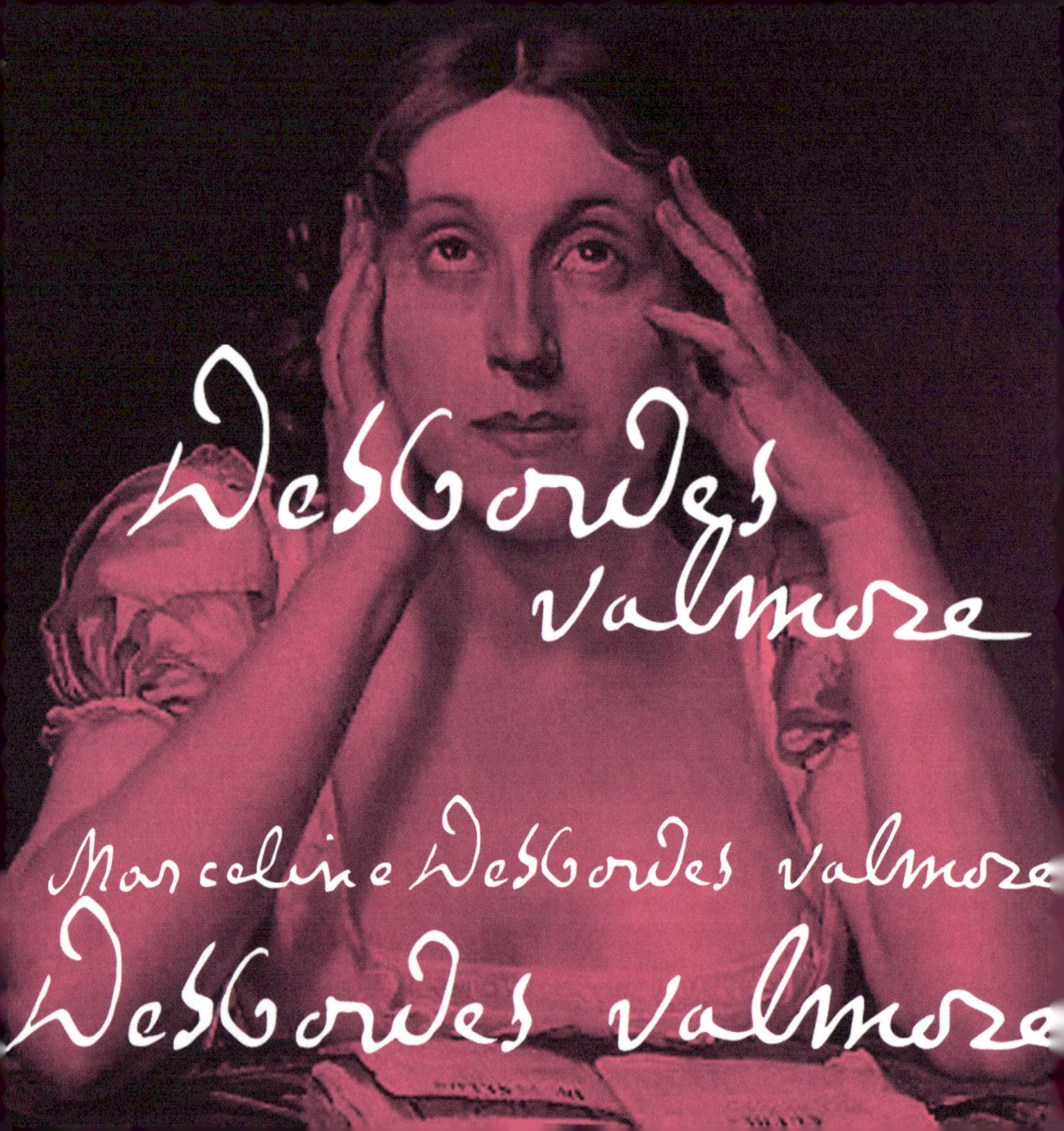
Desbordes
valmore
Marceline Desbordes valmore
Desbordes valmore

Marceline DESBORDES-VALMORE

(1786-1859)

Surnommée « Notre-Dame-des-Pleurs » tant sa vie est jalonnée de drames (elle perd quatre de ses cinq enfants), Marceline Desbordes-Valmore a ce tempérament sombre dont quelques-uns se sont parfois moqués. Les autres admirent ses poèmes faits de sensibilité et de mélancolie déchirante. Poésie accessible, lumineuse, elle est célébrée par Verlaine, Rimbaud et Baudelaire. En 1997, Julien Clerc met en musique sa merveilleuse lettre d'amour « Les Séparés ».

Marceline DESBORDES-VALMORE

(1786-1859)

Les Séparés

N'écris pas. Je suis triste, et je voudrais m'éteindre.
Les beaux étés sans toi, c'est la nuit sans flambeau.
J'ai refermé mes bras qui ne peuvent t'atteindre,
Et frapper à mon cœur, c'est frapper au tombeau.
N'écris pas !

N'écris pas. N'apprenons qu'à mourir à nous-mêmes.
Ne demande qu'à Dieu... qu'à toi, si je t'aimais !
Au fond de ton absence écouter que tu m'aimes,
C'est entendre le ciel sans y monter jamais.
N'écris pas !

N'écris pas. Je te crains ; j'ai peur de ma mémoire ;
Elle a gardé ta voix qui m'appelle souvent.
Ne montre pas l'eau vive à qui ne peut la boire.
Une chère écriture est un portrait vivant.
N'écris pas !

N'écris pas ces doux mots que je n'ose plus lire :
Il semble que ta voix les répand sur mon cœur ;
Que je les vois brûler à travers ton sourire ;
Il semble qu'un baiser les empreint sur mon cœur.
N'écris pas !

Les Roses de Saadi

J'ai voulu ce matin te rapporter des roses ;
Mais j'en avais tant pris dans mes ceintures closes
Que les nœuds trop serrés n'ont pu les contenir.

Les nœuds ont éclaté. Les roses envolées
Dans le vent, à la mer s'en sont toutes allées.
Elles ont suivi l'eau pour ne plus revenir ;

La vague en a paru rouge et comme enflammée.
Ce soir, ma robe encore en est tout embaumée...
Respires-en sur moi l'odorant souvenir.

Aloysius BERTRAND

(1807-1841)

Il n'écrivit qu'une seule œuvre, « Gaspard de la nuit », et mourra avant de la voir publiée. La vie de Louis Jacques Napoléon Bertrand, dit Aloysius Bertrand, est émaillée de drames : pauvreté, non-reconnaissance, amours malheureux et une mort précoce, à trente-quatre ans, due à la tuberculose. Défendu par Sainte-Beuve, il restera dans les mémoires pour être l'inventeur de la poésie en prose qui fascina nombre de poètes, comme Baudelaire qui fut l'un de ses premiers admirateurs.

La Jeune Fille

Rêveuse et dont la main balance
Un vert et flexible rameau,
D'où vient qu'elle pleure en silence,
La jeune fille du hameau ?

Autour de son front je m'étonne
De ne plus voir ses myrtes frais ;
Sont-ils tombés aux jours d'automne
Avec les feuilles des forêts ?

Tes compagnes sur la colline
T'ont vue hier seule à genoux,
Ô toi qui n'es point orpheline
Et qui ne priais pas pour nous !

Archange, ô sainte messagère,
Pourquoi tes pleurs silencieux ?
Est-ce que la brise légère
Ne veut pas t'enlever aux cieux ?

Ils coulent avec tant de grâce,
Qu'on ne sait, malgré ta pâleur,
S'ils laissent une amère trace,
Si c'est la joie ou la douleur ?

Quand tu reprendras solitaire
Ton doux vol, sœur d'Alaciel,
Dis-moi, la clef de ce mystère,
L'emporteras-tu dans le ciel ?

Je vous demande pardon
Monsieur d'insister aussi fortement
sur une dénégation qui n'a
aucun intérêt pour le public
mais qui en a un très vif pour
moi; celui de ne pas laisser
infirmer une assertion que
je vous ai autorisé à avancer
sur la foi de ma parole et
qui est la vérité même.
J'ai l'honneur d'être
avec la considération la plus
distinguée Monsieur
Votre très humble serviteur
Al. de Lamartine

Alphonse de LAMARTINE

(1790-1869)

En 1820, il publie son premier ouvrage et c'est un succès. Ses « Méditations poétiques » seront considérées comme le tout premier recueil romantique de la littérature française. Lamartine, écrivain multifacette, est aussi un homme d'État de tout premier plan et devient même membre de la direction collégiale du gouvernement provisoire en 1848. Après sa défaite à l'élection présidentielle, il se retire de la vie politique et meurt, ruiné, dans l'indifférence générale.

Alphonse de LAMARTINE

(1790-1869)

Le Lac

Ainsi, toujours poussés vers de nouveaux rivages,
Dans la nuit éternelle emportés sans retour,
Ne pourrons-nous jamais sur l'océan des âges
Jeter l'ancre un seul jour ?

Ô lac ! l'année à peine a fini sa carrière,
Et près des flots chéris qu'elle devait revoir,
Regarde ! je viens seul m'asseoir sur cette pierre
Où tu la vis s'asseoir !

Tu mugissais ainsi sous ces roches profondes,
Ainsi tu te brisais sur leurs flancs déchirés,
Ainsi le vent jetait l'écume de tes ondes
Sur ses pieds adorés.

Un soir, t'en souvient-il ? nous voguions en silence ;
On n'entendait au loin, sur l'onde et sous les cieux,
Que le bruit des rameurs qui frappaient en cadence
Tes flots harmonieux.

Tout à coup des accents inconnus à la terre
Du rivage charmé frappèrent les échos ;
Le flot fut attentif, et la voix qui m'est chère
Laissa tomber ces mots :

« Ô temps ! suspends ton vol, et vous, heures propices !
Suspendez votre cours :
Laissez-nous savourer les rapides délices
Des plus beaux de nos jours !

« Assez de malheureux ici-bas vous implorent,
Coulez, coulez pour eux ;
Prenez avec leurs jours les soins qui les dévorent ;
Oubliez les heureux.

« Mais je demande en vain quelques moments encore,
Le temps m'échappe et fuit ;
Je dis à cette nuit : Sois plus lente ; et l'aurore
Va dissiper la nuit.

« Aimons donc, aimons donc ! de l'heure fugitive,
Hâtons-nous, jouissons !
L'homme n'a point de port, le temps n'a point de rive ;
Il coule, et nous passons ! »

Temps jaloux, se peut-il que ces moments d'ivresse,
Où l'amour à longs flots nous verse le bonheur,
S'envolent loin de nous de la même vitesse
Que les jours de malheur ?

Eh quoi ! n'en pourrons-nous fixer au moins la trace ?
Quoi ! passés pour jamais ! quoi ! tout entiers perdus !
Ce temps qui les donna, ce temps qui les efface,
Ne nous les rendra plus !

Éternité, néant, passé, sombres abîmes,
Que faites-vous des jours que vous engloutissez ?
Parlez : nous rendrez-vous ces extases sublimes
Que vous nous ravissez ?

Ô lac ! rochers muets ! grottes ! forêt obscure !
Vous, que le temps épargne ou qu'il peut rajeunir,
Gardez de cette nuit, gardez, belle nature,
Au moins le souvenir !

Qu'il soit dans ton repos, qu'il soit dans tes orages,
Beau lac, et dans l'aspect de tes riants coteaux,
Et dans ces noirs sapins, et dans ces rocs sauvages
Qui pendent sur tes eaux.

Qu'il soit dans le zéphyr qui frémit et qui passe,
Dans les bruits de tes bords par tes bords répétés,
Dans l'astre au front d'argent qui blanchit ta surface
De ses molles clartés.

Que le vent qui gémit, le roseau qui soupire,
Que les parfums légers de ton air embaumé,
Que tout ce qu'on entend, l'on voit ou l'on respire,
Tout dise : Ils ont aimé !

Alphonse de LAMARTINE

(1790-1869)

L'Automne

Salut ! bois couronnés d'un reste de verdure !
Feuillages jaunissants sur les gazons épars !
Salut, derniers beaux jours ! Le deuil de la nature
Convient à la douleur et plaît à mes regards !

Je suis d'un pas rêveur le sentier solitaire,
J'aime à revoir encor, pour la dernière fois,
Ce soleil pâlissant, dont la faible lumière
Perce à peine à mes pieds l'obscurité des bois !

Oui, dans ces jours d'automne où la nature expire,
À ses regards voilés, je trouve plus d'attraits,
C'est l'adieu d'un ami, c'est le dernier sourire
Des lèvres que la mort va fermer pour jamais !

Ainsi, prêt à quitter l'horizon de la vie,
Pleurant de mes longs jours l'espoir évanoui,
Je me retourne encore, et d'un regard d'envie
Je contemple ses biens dont je n'ai pas joui !

Terre, soleil, vallons, belle et douce nature,
Je vous dois une larme aux bords de mon tombeau ;
L'air est si parfumé ! la lumière est si pure !
Aux regards d'un mourant le soleil est si beau !

Je voudrais maintenant vider jusqu'à la lie
Ce calice mêlé de nectar et de fiel !
Au fond de cette coupe où je buvais la vie,
Peut-être restait-il une goutte de miel ?

Peut-être l'avenir me gardait-il encore
Un retour de bonheur dont l'espoir est perdu ?
Peut-être dans la foule, une âme que j'ignore
Aurait compris mon âme, et m'aurait répondu ?...

La fleur tombe en livrant ses parfums au zéphire ;
À la vie, au soleil, ce sont là ses adieux ;
Moi, je meurs ; et mon âme, au moment qu'elle expire,
S'exhale comme un son triste et mélodieux.

II
Pour l'esclave on fit la terre
ô ma Beauté!
mais pour l'homme libre. austère
l'immensité
Chaque flot sait un mystère
de volupté
veut dire: Amour solitaire
et Liberté.
7bre 1859
Alfred de Vigny

Alfred de VIGNY

(1797-1863)

Parallèlement à une carrière militaire, Alfred de Vigny publie ses premiers poèmes. Pessimiste, voire misanthrope, il ne se fait aucune illusion sur ses contemporains et compte beaucoup d'ennemis. Seul Victor Hugo, autre grand poète romantique, sera son allié. Après cinq tentatives, il est enfin élu à l'Académie française. Mais parallèlement, il se retire en Charente à quatre reprises pour de longs séjours durant les vingt-cinq dernières années de sa vie, où il vivra reclus et à jamais désenchanté.

Alfred de VIGNY

(1797-1863)

Chant de Suzanne au Bain

De l'époux bien-aimé n'entends-je pas la voix ?
Oui, pareil au chevreuil, le voici, je le vois.
Il reparaît joyeux sur le haut des montagnes,
Bondit sur la colline et passe les campagnes.

Ô fortifiez-moi ! mêlez des fruits aux fleurs !
Car je languis d'amour et j'ai versé des pleurs.
J'ai cherché dans les nuits, à l'aide de la flamme,
Celui qui fait ma joie et que chérit mon âme.

Ô ! comment à ma couche est-il donc enlevé !
Je l'ai cherché partout et ne l'ai pas trouvé.
Mon époux est pour moi comme un collier de myrrhe ;
Qu'il dorme sur mon sein, je l'aime et je l'admire.

Il est blanc entre mille et brille le premier ;
Ses cheveux sont pareils aux rameaux du palmier ;
À l'ombre du palmier je me suis reposée,
Et d'un nard précieux ma tête est arrosée.

Je préfère sa bouche aux grappes d'Engaddi,
Qui tempèrent, dans l'or, le soleil de midi.
Qu'à m'entourer d'amour son bras gauche s'apprête,
Et que de sa main droite il soutienne ma tête !

Quand son cœur sur le mien bat dans un doux transport,
Je me meurs, car l'amour est fort comme la mort.
Si mes cheveux sont noirs, moi je suis blanche et belle,
Et jamais à sa voix mon âme n'est rebelle.

Je sais que la sagesse est plus que la beauté,
Je sais que le sourire est plein de vanité,
Je sais la femme forte et veux suivre sa voie :
« Elle a cherché la laine, et le lin, et la soie.

« Ses doigts ingénieux ont travaillé longtemps ;
Elle partage à tous et l'ouvrage et le temps ;
Ses fuseaux ont tissu la toile d'Idumée,
Le passant dans la nuit voit sa lampe allumée.

« Sa main est pleine d'or et s'ouvre à l'indigent ;
Elle a de la bonté le langage indulgent ;
Ses fils l'ont dite heureuse et de force douée,
Ils se sont levés tous, et tous ils l'ont louée.

« Sa bouche sourira lors de son dernier jour. »
Lorsque j'ai dit ces mots, plein d'un nouvel amour,
De ses bras parfumés mon époux m'environne,
Il m'appelle sa sœur, sa gloire et sa couronne.

Il y a quelques années qu'en visitant,
ou pour mieux dire, en furetant Notre-Dame,
l'auteur de ce livre trouva, dans un recoin
obscur de l'une des tours, ce mot gravé à la
main sur le mur :

Victor HUGO

(1802-1885)

S'il est considéré comme l'un des plus grands romanciers français, Victor Hugo a laissé d'innombrables poèmes devenus des classiques de la littérature. Poète lyrique, poète engagé, poète épique, il n'a jamais cessé d'écrire des vers, contestataires ou quelquefois tendres, comme son tout dernier recueil destiné à ses petits-enfants, Jeanne et Georges, « L'Art d'être grand-père », en guise de testament poétique.

Demain, dès l'aube…

Demain, dès l'aube, à l'heure où blanchit la campagne,
Je partirai. Vois-tu, je sais que tu m'attends.
J'irai par la forêt, j'irai par la montagne.
Je ne puis demeurer loin de toi plus longtemps.

Je marcherai les yeux fixés sur mes pensées,
Sans rien voir au dehors, sans entendre aucun bruit,
Seul, inconnu, le dos courbé, les mains croisées,
Triste, et le jour pour moi sera comme la nuit.

Je ne regarderai ni l'or du soir qui tombe,
Ni les voiles au loin descendant vers Harfleur,
Et quand j'arriverai, je mettrai sur ta tombe
Un bouquet de houx vert et de bruyère en fleur.

Victor HUGO

(1802-1885)

Ce siècle avait deux ans

Ce siècle avait deux ans ! Rome remplaçait Sparte,
Déjà Napoléon perçait sous Bonaparte,
Et du premier consul, déjà, par maint endroit,
Le front de l'empereur brisait le masque étroit.
Alors dans Besançon, vieille ville espagnole,
Jeté comme la graine au gré de l'air qui vole,
Naquit d'un sang breton et lorrain à la fois
Un enfant sans couleur, sans regard et sans voix ;
Si débile qu'il fut, ainsi qu'une chimère,
Abandonné de tous, excepté de sa mère,
Et que son cou ployé comme un frêle roseau
Fit faire en même temps sa bière et son berceau.
Cet enfant que la vie effaçait de son livre,
Et qui n'avait pas même un lendemain à vivre,
C'est moi.

Je vous dirai peut-être quelque jour
Quel lait pur, que de soins, que de vœux, que d'amour,
Prodigués pour ma vie en naissant condamnée,
M'ont fait deux fois l'enfant de ma mère obstinée,
Ange qui sur trois fils attachés à ses pas
Épandait son amour et ne mesurait pas !
Ô l'amour d'une mère ! amour que nul n'oublie !
Pain merveilleux qu'un dieu partage et multiplie !
Table toujours servie au paternel foyer !
Chacun en a sa part et tous l'ont tout entier !

Je pourrai dire un jour, lorsque la nuit douteuse
Fera parler les soirs ma vieillesse conteuse,
Comment ce haut destin de gloire et de terreur
Qui remuait le monde aux pas de l'empereur,
Dans son souffle orageux m'emportant sans défense,
À tous les vents de l'air fit flotter mon enfance.
Car, lorsque l'aquilon bat ses flots palpitants,
L'océan convulsif tourmente en même temps
Le navire à trois ponts qui tonne avec l'orage,
Et la feuille échappée aux arbres du rivage !

Maintenant, jeune encore et souvent éprouvé,
J'ai plus d'un souvenir profondément gravé,
Et l'on peut distinguer bien des choses passées
Dans ces plis de mon front que creusent mes pensées.
Certes, plus d'un vieillard sans flamme et sans cheveux,
Tombé de lassitude au bout de tous ses vœux,
Pâlirait s'il voyait, comme un gouffre dans l'onde,
Mon âme où ma pensée habite, comme un monde,
Tout ce que j'ai souffert, tout ce que j'ai tenté,
Tout ce qui m'a menti comme un fruit avorté,
Mon plus beau temps passé sans espoir qu'il renaisse,
Les amours, les travaux, les deuils de ma jeunesse,
Et quoiqu'encore à l'âge où l'avenir sourit,
Le livre de mon cœur à toute page écrit !

Victor HUGO

(1802-1885)

Si parfois de mon sein s'envolent mes pensées,
Mes chansons par le monde en lambeaux dispersées ;
S'il me plaît de cacher l'amour et la douleur
Dans le coin d'un roman ironique et railleur ;
Si j'ébranle la scène avec ma fantaisie,
Si j'entre-choque aux yeux d'une foule choisie
D'autres hommes comme eux, vivant tous à la fois
De mon souffle et parlant au peuple avec ma voix ;
Si ma tête, fournaise où mon esprit s'allume,
Jette le vers d'airain qui bouillonne et qui fume
Dans le rythme profond, moule mystérieux
D'où sort la strophe ouvrant ses ailes dans les cieux ;
C'est que l'amour, la tombe, et la gloire, et la vie,
L'onde qui fuit, par l'onde incessamment suivie,
Tout souffle, tout rayon, ou propice ou fatal,
Fait reluire et vibrer mon âme de cristal,
Mon âme aux mille voix, que le Dieu que j'adore
Mit au centre de tout comme un écho sonore !

D'ailleurs j'ai purement passé les jours mauvais,
Et je sais d'où je viens, si j'ignore où je vais.
L'orage des partis avec son vent de flamme
Sans en altérer l'onde a remué mon âme.
Rien d'immonde en mon cœur, pas de limon impur
Qui n'attendît qu'un vent pour en troubler l'azur !

Après avoir chanté, j'écoute et je contemple,
À l'empereur tombé dressant dans l'ombre un temple,
Aimant la liberté pour ses fruits, pour ses fleurs,
Le trône pour son droit, le roi pour ses malheurs ;
Fidèle enfin au sang qu'ont versé dans ma veine
Mon père vieux soldat, ma mère vendéenne !

La Conscience

Lorsque avec ses enfants vêtus de peaux de bêtes,
Échevelé, livide au milieu des tempêtes,
Caïn se fut enfui de devant Jéhovah,
Comme le soir tombait, l'homme sombre arriva
Au bas d'une montagne en une grande plaine ;
Sa femme fatiguée et ses fils hors d'haleine
Lui dirent : « Couchons-nous sur la terre, et dormons. »
Caïn, ne dormant pas, songeait au pied des monts.
Ayant levé la tête, au fond des cieux funèbres,
Il vit un œil, tout grand ouvert dans les ténèbres,
Et qui le regardait dans l'ombre fixement.
« Je suis trop près », dit-il avec un tremblement.
Il réveilla ses fils dormant, sa femme lasse,
Et se remit à fuir sinistre dans l'espace.
Il marcha trente jours, il marcha trente nuits.
Il allait, muet, pâle et frémissant aux bruits,
Furtif, sans regarder derrière lui, sans trêve,
Sans repos, sans sommeil ; il atteignit la grève
Des mers dans le pays qui fut depuis Assur.
« Arrêtons-nous, dit-il, car cet asile est sûr.
Restons-y. Nous avons du monde atteint les bornes. »
Et, comme il s'asseyait, il vit dans les cieux mornes
L'œil à la même place au fond de l'horizon.

Victor HUGO

(1802-1885)

Alors il tressaillit en proie au noir frisson.
« Cachez-moi ! » cria-t-il ; et, le doigt sur la bouche,
Tous ses fils regardaient trembler l'aïeul farouche.
Caïn dit à Jabel, père de ceux qui vont
Sous des tentes de poil dans le désert profond :
« Étends de ce côté la toile de la tente. »
Et l'on développa la muraille flottante ;
Et, quand on l'eut fixée avec des poids de plomb :
« Vous ne voyez plus rien ? » dit Tsilla, l'enfant blond,
La fille de ses Fils, douce comme l'aurore ;
Et Caïn répondit : « Je vois cet œil encore ! »
Jubal, père de ceux qui passent dans les bourgs
Soufflant dans des clairons et frappant des tambours,
Cria : « Je saurai bien construire une barrière. »
Il fit un mur de bronze et mit Caïn derrière.
Et Caïn dit : « Cet œil me regarde toujours ! »
Hénoch dit : « Il faut faire une enceinte de tours
Si terrible, que rien ne puisse approcher d'elle.
Bâtissons une ville avec sa citadelle,
Bâtissons une ville, et nous la fermerons. »
Alors Tubalcaïn, père des forgerons,
Construisit une ville énorme et surhumaine.
Pendant qu'il travaillait, ses frères, dans la plaine,
Chassaient les fils d'Énos et les enfants de Seth ;

Et l'on crevait les yeux à quiconque passait ;
Et, le soir, on lançait des flèches aux étoiles.
Le granit remplaça la tente aux murs de toiles,
On lia chaque bloc avec des nœuds de fer,
Et la ville semblait une ville d'enfer ;
L'ombre des tours faisait la nuit dans les campagnes ;
Ils donnèrent aux murs l'épaisseur des montagnes ;
Sur la porte on grava : « Défense à Dieu d'entrer. »
Quand ils eurent fini de clore et de murer,
On mit l'aïeul au centre en une tour de pierre ;
Et lui restait lugubre et hagard. « Ô mon père !
L'œil a-t-il disparu ? » dit en tremblant Tsilla.
Et Caïn répondit : « Non, il est toujours là. »
Alors il dit : « Je veux habiter sous la terre
Comme dans son sépulcre un homme solitaire ;
Rien ne me verra plus, je ne verrai plus rien. »
On fit donc une fosse, et Caïn dit : « C'est bien ! »
Puis il descendit seul sous cette voûte sombre.
Quand il se fut assis sur sa chaise dans l'ombre
Et qu'on eut sur son front fermé le souterrain,
L'œil était dans la tombe et regardait Caïn.

Chauvin
A Victor hugo.
Les doctrinaires.
1
Oh! Le vingt huit juillet, quand les couleurs chéries
Joyeuses, voltigeoient sur les toits endormis,
Après que dans le Louvre et dans les Tuileries
On eût traqué ses ennemis ;
Le plus fort étoit fait : que cette nuit fut belle !
Près du retranchement par nos mains élevé
Combien nous étions fiers de faire sentinelle
En foulant le sol dépavé !
Oh nuit d'indépendance, et de gloire, et de fête !
Rien au dessus de nous ! Pas un gouvernement
N'osoit encor montrer la tête !
Comme on se sentoit fort dans un pareil moment..
Que de gloire ! Que d'espérance !
On etoit d'une taille immense,
Et l'on respiroit largement !

Gérard de NERVAL

(1808-1855)

Le désespoir suscite souvent des vocations de poète. Gérard de Nerval ne déroge pas à la règle, et sa passion dévorante pour l'actrice Jenny Colon lui inspira bien des chefs-d'œuvre. Inconsolable après son décès, il tente de cicatriser ses plaies en voyageant mais sa santé mentale se détériore. Il se suicide à Paris et laisse une œuvre peu célébrée de son vivant mais bientôt vénérée et admirée, notamment par les surréalistes.

Avril

Déjà les beaux jours, – la poussière,
Un ciel d'azur et de lumière,
Les murs enflammés, les longs soirs ;
– Et rien de vert : – à peine encore
Un reflet rougeâtre décore
Les grands arbres aux rameaux noirs !

Ce beau temps me pèse et m'ennuie.
– Ce n'est qu'après des jours de pluie
Que doit surgir, en un tableau,
Le printemps verdissant et rose,
Comme une nymphe fraîche éclose
Qui, souriante, sort de l'eau.

Gérard de NERVAL

(1808-1855)

Épitaphe

Il a vécu tantôt gai comme un sansonnet,
Tour à tour amoureux insoucieux et tendre,
Tantôt sombre et rêveur comme un triste Clitandre.
Un jour il entendit qu'à sa porte on sonnait.

C'était la Mort ! Alors il la pria d'attendre
Qu'il eût posé le point à son dernier sonnet ;
Et puis sans s'émouvoir, il s'en alla s'étendre
Au fond du coffre froid où son corps frissonnait.

Il était paresseux, à ce que dit l'histoire,
Il laissait trop sécher l'encre dans l'écritoire.
Il voulait tout savoir mais il n'a rien connu.

Et quand vint le moment où, las de cette vie,
Un soir d'hiver, enfin l'âme lui fut ravie,
Il s'en alla disant : « Pourquoi suis-je venu ? »

Laisse-moi !

Non, laisse-moi, je t'en supplie ;
En vain, si jeune et si jolie,
Tu voudrais ranimer mon cœur :
Ne vois-tu pas, à ma tristesse,
Que mon front pâle et sans jeunesse
Ne doit plus sourire au bonheur ?

Quand l'hiver aux froides haleines
Des fleurs qui brillent dans nos plaines
Glace le sein épanoui,
Qui peut rendre à la feuille morte
Ses parfums que la brise emporte
Et son éclat évanoui !

Oh ! si je t'avais rencontrée
Alors que mon âme enivrée
Palpitait de vie et d'amours,
Avec quel transport, quel délire
J'aurais accueilli ton sourire
Dont le charme eût nourri mes jours.

Mais à présent, ô jeune fille !
Ton regard, c'est l'astre qui brille
Aux yeux troublés des matelots,
Dont la barque en proie au naufrage,
À l'instant où cesse l'orage
Se brise et s'enfuit sous les flots.

Nº 1
A Madame
Madame, il est heureux celui dont la Pensée
(Qu'elle fût de plaisir, de douleur ou d'Amour,)
A pu servir de sœur à la vôtre un seul jour!
Son âme dans votre âme un instant est passée.
Qu'importe que bientôt pour un autre oublié
De vos lèvres de pourpre il se soit envolé
Comme un oiseau léger s'envole après l'orage!
Lorsqu'il a franchi le seuil mystérieux
Vos lèvres l'ont doré dans leur divin langage
D'un sourire mélodieux!

Alfred de MUSSET

(1810-1857)

Il reste à jamais l'enfant terrible du romantisme le plus désenchanté. Alfred de Musset, d'abord jeune dandy à la vie dissolue, rencontre l'amour de sa vie, George Sand, en 1833. La passion qui les unit prend fin au bout de deux ans et de cette rupture naîtra une œuvre poétique bouleversante et un roman, « La Confession d'un enfant du siècle ». Après sa mort, Musset sombre peu à peu dans l'oubli avant d'être redécouvert, et même encensé, au XXe siècle.

À George Sand

Porte ta vie ailleurs, ô toi qui fus ma vie ;
Verse ailleurs ce trésor que j'avais pour tout bien.
Va chercher d'autres lieux, toi qui fus ma patrie,
Va fleurir, ô soleil, ô ma belle chérie,
Fais riche un autre amour et souviens-toi du mien.

Laisse mon souvenir te suivre loin de France ;
Qu'il parte sur ton cœur, pauvre bouquet fané,
Lorsque tu l'as cueilli, j'ai connu l'Espérance,
Je croyais au bonheur, et toute ma souffrance
Est de l'avoir perdu sans te l'avoir donné.

Alfred de MUSSET

(1810-1857)

Chanson de Fortunio

Si vous croyez que je vais dire
Qui j'ose aimer,
Je ne saurais, pour un empire,
Vous la nommer.

Nous allons chanter à la ronde,
Si vous voulez,
Que je l'adore et qu'elle est blonde
Comme les blés.

Je fais ce que sa fantaisie
Veut m'ordonner,
Et je puis, s'il lui faut ma vie,
La lui donner.

Du mal qu'une amour ignorée
Nous fait souffrir,
J'en porte l'âme déchirée
Jusqu'à mourir.

Mais j'aime trop pour que je die
Qui j'ose aimer,
Et je veux mourir pour ma mie
Sans la nommer.

J'ai dit à mon cœur

J'ai dit à mon cœur, à mon faible cœur :
N'est-ce point assez d'aimer sa maîtresse ?
Et ne vois-tu pas que changer sans cesse,
C'est perdre en désirs le temps du bonheur ?

Il m'a répondu : Ce n'est point assez,
Ce n'est point assez d'aimer sa maîtresse ;
Et ne vois-tu pas que changer sans cesse
Nous rend doux et chers les plaisirs passés ?

J'ai dit à mon cœur, à mon faible cœur :
N'est-ce point assez de tant de tristesse ?
Et ne vois-tu pas que changer sans cesse,
C'est à chaque pas trouver la douleur ?

Il m'a répondu : Ce n'est point assez,
Ce n'est point assez de tant de tristesse ;
Et ne vois-tu pas que changer sans cesse
Nous rend doux et chers les chagrins passés ?

Louise COLET

(1810-1876)

Arrivée à Paris à l'âge de vingt ans, Louise Colet publie très vite un premier recueil de poèmes remarqué. Amie de Baudelaire, de Hugo ou de De Vigny, elle est célèbre pour avoir été la maîtresse de Gustave Flaubert. C'est peut-être à cause de l'écrivain normand que la poétesse ne connut pas une grande notoriété au XXe siècle. Flaubert ne cessant, après leur rupture, de dénigrer l'œuvre de son ancienne amante. Une vengeance peu glorieuse !

Je désire toujours

Avoir toujours gardé la candeur pour symbole,
Croire à tout sentiment noble et pur, et souffrir ;
Mendier un espoir comme un pauvre une obole,
Le recevoir parfois, et longtemps s'en nourrir !

Puis, lorsqu'on y croyait, dans ce monde frivole
Ne pas trouver un cœur qui se laisse attendrir !
Sans fixer le bonheur voir le temps qui s'envole ;
Voir la vie épuisée, et n'oser pas mourir !

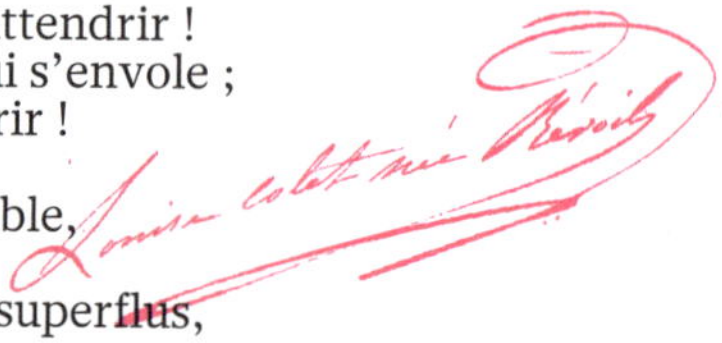

Car mourir sans goûter une joie ineffable,
Sans que la vérité réalise la fable
De mes rêves d'amour, de mes vœux superflus,

Non ! je ne le puis pas ! non, mon cœur s'y refuse
Pourtant ne croyez pas, hélas ! que je m'abuse :
Je désire toujours... mais je n'espère plus !

Souviens-toi de moi

Pars, puisque la gloire t'appelle !
Mais lorsque tu t'enivres d'elle,
Oh ! du moins, souviens-toi de moi !
Quand la louange autour de toi
Se répand douce à ton oreille,
Ah ! que mon image s'éveille
Dans ton cœur, souviens-toi de moi !

D'autres femmes te seront chères.
D'autres bras pourront t'enlacer,
Et tous les biens que tu préfères
Sur tes pas viendront se presser ;
Mais si celles que ton cœur aime
Sont heureuses auprès de toi,
En goûtant le bonheur suprême,
Oh ! toujours souviens-toi de moi !

La nuit, quand ta vue est charmée
Par ton étoile bien-aimée,
Alors, oh ! souviens-toi de moi.
Pense qu'elle brilla sur toi
Un soir où nous étions ensemble ;
Et quand sur ton front elle tremble,
Oh ! toujours souviens-toi de moi.

Lorsque dans l'été tu reposes
Tes yeux sur les mourantes roses
Que nous aimions tant autrefois,
Lorsque leur parfum t'environne,
Songe à cette heure où sous mes doigts
Je t'en formais une couronne
Puis les effeuillais avec toi ;
Et toujours souviens-toi de moi.

Puis, quand le vent du nord résonne,
Et que les feuilles de l'automne
Glissent éparses près de toi,
Alors, oh ! souviens-toi de moi.
Lorsque tu contemples dans l'âtre
La flamme ondoyante et bleuâtre,
Oh ! toujours souviens-toi de moi !

Si des chants de mélancolie
Tout à coup viennent te frapper,
Si tu sens ton âme amollie
Dans une larme s'échapper ;
Si ton souvenir te murmure
L'harmonie enivrante et pure
Que j'entendais auprès de toi,
Oh ! pleure, et souviens-toi de moi !

Après avoir publié en 1852 son recueil « Poèmes antiques », Leconte de Lisle fonde un nouveau courant littéraire, le Parnasse. Autour de lui, Mallarmé, Heredia, Sully Prudhomme ou Villiers de L'Isle-Adam. Cette école parnassienne est d'abord une riposte contre le lyrisme excessif de la poésie romantique. Leconte de Lisle, en effet, aspire à une poésie plus descriptive, moins passionnée. Il sera élu à l'Académie française en 1886, où il siégera dans le fauteuil de son grand ami Victor Hugo.

Leconte de LISLE

(1818-1894)

À Victor Hugo

Dors, Maître, dans la paix de ta gloire ! Repose,
Cerveau prodigieux, d'où, pendant soixante ans,
Jaillit l'éruption des concerts éclatants !
Va ! La mort vénérable est ton apothéose :
Ton Esprit immortel chante à travers les temps.
Pour planer à jamais dans la Vie infinie,
Il brise comme un Dieu les tombeaux clos et sourds,
Il emplit l'avenir des Voix de ton génie,
Et la terre entendra ce torrent d'harmonie
Rouler de siècle en siècle en grandissant toujours !

La Mort du Soleil

Le vent d'automne, aux bruits lointains des mers pareil,
Plein d'adieux solennels, de plaintes inconnues,
Balance tristement le long des avenues
Les lourds massifs rougis de ton sang, ô soleil !

La feuille en tourbillons s'envole par les nues ;
Et l'on voit osciller, dans un fleuve vermeil,
Aux approches du soir inclinés au sommeil,
De grands nids teints de pourpre au bout des branches nues.

Tombe, Astre glorieux, source et flambeau du jour !
Ta gloire en nappes d'or coule de ta blessure,
Comme d'un sein puissant tombe un suprême amour.

Meurs donc, tu renaîtras ! L'espérance en est sûre.
Mais qui rendra la vie et la flamme et la voix
Au cœur qui s'est brisé pour la dernière fois ?

Leconte de LISLE

(1818-1894)

Midi

Midi, Roi des étés, épandu sur la plaine,
Tombe en nappes d'argent des hauteurs du ciel bleu.
Tout se tait. L'air flamboie et brûle sans haleine ;
La Terre est assoupie en sa robe de feu.

L'étendue est immense, et les champs n'ont point d'ombre,
Et la source est tarie où buvaient les troupeaux ;
La lointaine forêt, dont la lisière est sombre,
Dort là-bas, immobile, en un pesant repos.

Seuls, les grands blés mûris, tels qu'une mer dorée,
Se déroulent au loin, dédaigneux du sommeil ;
Pacifiques enfants de la Terre sacrée,
Ils épuisent sans peur la coupe du Soleil.

Parfois, comme un soupir de leur âme brûlante,
Du sein des épis lourds qui murmurent entre eux,
Une ondulation majestueuse et lente
S'éveille, et va mourir à l'horizon poudreux.

Non loin, quelques bœufs blancs, couchés parmi les herbes,
Bavent avec lenteur sur leurs fanons épais,
Et suivent de leurs yeux languissants et superbes
Le songe intérieur qu'ils n'achèvent jamais.

Homme, si, le cœur plein de joie ou d'amertume,
Tu passais vers midi dans les champs radieux,
Fuis ! la Nature est vide et le Soleil consume :
Rien n'est vivant ici, rien n'est triste ou joyeux.

Mais si, désabusé des larmes et du rire,
Altéré de l'oubli de ce monde agité,
Tu veux, ne sachant plus pardonner ou maudire,
Goûter une suprême et morne volupté,

Viens ! Le Soleil te parle en paroles sublimes ;
Dans sa flamme implacable absorbe-toi sans fin ;
Et retourne à pas lents vers les cités infimes,
Le cœur trempé sept fois dans le Néant divin.

Théophile GAUTIER

(1811-1872)

Il voulait être peintre, mais sa rencontre avec Victor Hugo change la donne. Théophile Gautier se jette à corps perdu dans l'écriture, devenant journaliste, critique d'art, romancier et bien sûr poète. Chef de file du Parnasse avec Leconte de Lisle, il prône la beauté, et seulement la beauté, et combat les emphases du romantisme. Sa théorie de « L'art pour l'art », qui refuse l'engagement de l'écrivain et aspire à une œuvre désintéressée, influença, entre autres, Baudelaire.

Au bord de la mer

La lune de ses mains distraites
A laissé choir, du haut de l'air,
Son grand éventail à paillettes
Sur le bleu tapis de la mer.

Pour le ravoir elle se penche
Et tend son beau bras argenté ;
Mais l'éventail fuit sa main blanche,
Par le flot qui passe emporté.

Au gouffre amer pour te le rendre,
Lune, j'irais bien me jeter,
Si tu voulais du ciel descendre,
Au ciel si je pouvais monter !

Théophile GAUTIER

(1811-1872)

Absence

Reviens, reviens, ma bien-aimée !
Comme une fleur loin du soleil,
La fleur de ma vie est fermée
Loin de ton sourire vermeil.

Entre nos cœurs tant de distance !
Tant d'espace entre nos baisers !
Ô sort amer ! Ô dure absence !
Ô grands désirs inapaisés !

D'ici là-bas, que de campagnes,
Que de villes et de hameaux,
Que de vallons et de montagnes,
À lasser le pied des chevaux !

Au pays qui me prend ma belle,
Hélas ! Si je pouvais aller ;
Et si mon corps avait une aile
Comme mon âme pour voler !

Par-dessus les vertes collines,
Les montagnes au front d'azur,
Les champs rayés et les ravines,
J'irais d'un vol rapide et sûr.

Le corps ne suit pas la pensée ;
Pour moi, mon âme, va tout droit,
Comme une colombe blessée,
S'abattre au rebord de son toit.

Descends dans sa gorge divine,
Blonde et fauve comme de l'or,
Douce comme un duvet d'hermine,
Sa gorge, mon royal trésor ;

Et dis, mon âme, à cette belle :
« Tu sais bien qu'il compte les jours,
Ô ma colombe ! À tire d'aile
Retourne au nid de nos amours. »

À deux beaux yeux

Vous avez un regard singulier et charmant ;
Comme la lune au fond du lac qui la reflète,
Votre prunelle, où brille une humide paillette,
Au coin de vos doux yeux roule languissamment ;

Ils semblent avoir pris ses feux au diamant ;
Ils sont de plus belle eau qu'une perle parfaite,
Et vos grands cils émus, de leur aile inquiète,
Ne voilent qu'à demi leur vif rayonnement.

Mille petits amours, à leur miroir de flamme,
Se viennent regarder et s'y trouvent plus beaux,
Et les désirs y vont rallumer leurs flambeaux.

Ils sont si transparents, qu'ils laissent voir votre âme,
Comme une fleur céleste au calice idéal
Que l'on apercevrait à travers un cristal.

Le port
Un port est un séjour charmant pour
une âme fatiguée des luttes de la vie.
L'ampleur du ciel, l'architecture mobile
des nuages, les colorations changeantes
de la mer, le scintillement des phares
sont un prisme merveilleusement propre
à amuser les yeux sans les lasser. Les
formes élancées des navires, au gréement
compliqué, auxquels la houle imprime
des oscillations harmonieuses, servent
à entretenir dans l'âme le goût du
rythme et de la beauté. Et puis surtout,
il y a une sorte de plaisir
mystérieux et aristocratique pour celui
qui n'a plus ni curiosité

Charles BAUDELAIRE

(1821-1867)

Il est le plus célèbre des poètes français, le plus aimé aussi. Son existence chaotique, sa passion pour l'infidèle Jeanne Duval, son fameux spleen ont subjugué des générations d'adolescents. « Les Fleurs du mal », sans doute l'un des recueils les plus fameux au monde, a été condamné pour outrage aux bonnes mœurs. Mal compris par la société, symbole du poète maudit, il meurt de la syphilis. Ce n'est qu'en 1949 que « Les Feurs du mal » sera enfin réhabilité.

L'Albatros

Souvent, pour s'amuser, les hommes d'équipage
Prennent des albatros, vastes oiseaux des mers,
Qui suivent, indolents compagnons de voyage,
Le navire glissant sur les gouffres amers.

À peine les ont-ils déposés sur les planches,
Que ces rois de l'azur, maladroits et honteux,
Laissent piteusement leurs grandes ailes blanches
Comme des avirons traîner à côté d'eux.

Ce voyageur ailé, comme il est gauche et veule !
Lui, naguère si beau, qu'il est comique et laid !
L'un agace son bec avec un brûle-gueule,
L'autre mime, en boitant, l'infirme qui volait !

Le Poète est semblable au prince des nuées
Qui hante la tempête et se rit de l'archer ;
Exilé sur le sol au milieu des huées,
Ses ailes de géant l'empêchent de marcher.

Charles BAUDELAIRE

(1821-1867)

La Chevelure

Ô toison, moutonnant jusque sur l'encolure !
Ô boucles ! Ô parfum chargé de nonchaloir !
Extase ! Pour peupler ce soir l'alcôve obscure
Des souvenirs dormant dans cette chevelure,
Je la veux agiter dans l'air comme un mouchoir !

La langoureuse Asie et la brûlante Afrique,
Tout un monde lointain, absent, presque défunt,
Vit dans tes profondeurs, forêt aromatique !
Comme d'autres esprits voguent sur la musique,
Le mien, ô mon amour ! nage sur ton parfum.

J'irai là-bas où l'arbre et l'homme, pleins de sève,
Se pâment longuement sous l'ardeur des climats ;
Fortes tresses, soyez la houle qui m'enlève !
Tu contiens, mer d'ébène, un éblouissant rêve
De voiles, de rameurs, de flammes et de mâts :

Un port retentissant où mon âme peut boire
À grands flots le parfum, le son et la couleur ;
Où les vaisseaux, glissant dans l'or et dans la moire,
Ouvrent leurs vastes bras pour embrasser la gloire
D'un ciel pur où frémit l'éternelle chaleur.

Je plongerai ma tête amoureuse d'ivresse
Dans ce noir océan où l'autre est enfermé ;
Et mon esprit subtil que le roulis caresse
Saura vous retrouver, ô féconde paresse,
Infinis bercements du loisir embaumé !

Cheveux bleus, pavillon de ténèbres tendues,
Vous me rendez l'azur du ciel immense et rond ;
Sur les bords duvetés de vos mèches tordues
Je m'enivre ardemment des senteurs confondues
De l'huile de coco, du musc et du goudron.

Longtemps ! toujours ! ma main dans ta crinière lourde
Sèmera le rubis, la perle et le saphir,
Afin qu'à mon désir tu ne sois jamais sourde !
N'es-tu pas l'oasis où je rêve, et la gourde
Où je hume à longs traits le vin du souvenir ?

Charles BAUDELAIRE

(1821-1867)

À une passante

La rue assourdissante autour de moi hurlait.
Longue, mince, en grand deuil, douleur majestueuse,
Une femme passa, d'une main fastueuse
Soulevant, balançant le feston et l'ourlet ;

Agile et noble, avec sa jambe de statue.
Moi, je buvais, crispé comme un extravagant,
Dans son œil, ciel livide où germe l'ouragan,
La douceur qui fascine et le plaisir qui tue.

Un éclair... puis la nuit ! – Fugitive beauté
Dont le regard m'a fait soudainement renaître,
Ne te verrai-je plus que dans l'éternité ?

Ailleurs, bien loin d'ici ! trop tard ! jamais peut-être !
Car j'ignore où tu fuis, tu ne sais où je vais,
Ô toi que j'eusse aimée, ô toi qui le savais !

Quand le ciel bas et lourd

Quand le ciel bas et lourd pèse comme un couvercle
Sur l'esprit gémissant en proie aux longs ennuis,
Et que de l'horizon embrassant tout le cercle
Il nous verse un jour noir plus triste que les nuits ;

Quand la terre est changée en un cachot humide,
Où l'Espérance, comme une chauve-souris,
S'en va battant les murs de son aile timide
Et se cognant la tête à des plafonds pourris ;

Quand la pluie étalant ses immenses traînées
D'une vaste prison imite les barreaux,
Et qu'un peuple muet d'infâmes araignées
Vient tendre ses filets au fond de nos cerveaux,

Des cloches tout à coup sautent avec furie
Et lancent vers le ciel un affreux hurlement,
Ainsi que des esprits errants et sans patrie
Qui se mettent à geindre opiniâtrement.

– Et de longs corbillards, sans tambours ni musique,
Défilent lentement dans mon âme ; l'Espoir,
Vaincu, pleure, et l'Angoisse atroce, despotique,
Sur mon crâne incliné plante son drapeau noir.

Mariée à vingt-deux ans à un officier, Sophie d'Arbouville suit son mari dans ses différentes garnisons. Lorsqu'elle s'y ennuie, elle écrit des vers. Elle préfère ne les montrer qu'à son cercle rapproché et ils ne seront publiés qu'après sa mort. Son salon littéraire du 10 place Vendôme accueille de nombreux écrivains dont Lamartine qu'elle admire et Sainte-Beuve qui l'aime sans retour. L'œuvre de Sophie d'Arbouville, sentimentale et mélancolique, est sans doute un peu oubliée mais mérite d'être redécouverte.

Sophie d'ARBOUVILLE

(1810-1850)

Je me tais et je pleure

Les vers n'arrivent pas au gré de mon désir,
L'heure du feu sacré ne saurait se choisir.
Dites-vous au bouton qu'il devienne une rose,
À l'oiseau dans son nid que sa couvée éclose ?
Pourquoi me dire à moi : « Prends ton luth pour chanter ? »
Les feuilles loin du vent ne sauraient s'agiter ;
Et comme elles j'attends, immobile et timide,
Qu'une brise du ciel, dans sa course rapide,
Vienne douce et suave, inclinant les buissons,
Comme aux feuilles des bois m'arracher quelques sons.

Ne forcez point mes chants, je n'ai vu que l'aurore ;
Pour moi, si Dieu le veut, le jour est long encore !
Doux espoir ou regret, amertume ou plaisir,
Indécise en son vol, mon âme veut choisir ;
Elle parcourt la vie, effleurant chaque chose ;
Elle espère et soupire, et sur rien ne se pose.
Ainsi l'on voit l'abeille, active en son labeur,
S'agitant dans les airs, chercher longtemps la fleur,
Qui, livrant ses trésors à son aile légère,
Lui permet de porter son doux miel à la terre.
Mais hélas ! nul calice, entr'ouvert à ma voix,
Ne veut, dans ses parfums, laisser baigner mes doigts ;
Je m'arrête, interdite au seuil de ma demeure :
En vain je veux chanter... je me tais et je pleure !

Paris, 27 mai, 1859.
103, rue de la Harpe
Paris.

Théodore de BANVILLE

(1823-1891)

Dès l'âge de dix-neuf ans, Théodore de Banville publie son premier recueil de poésie, « Les Cariatides », qui rencontre un certain succès. Dès lors, il devient un personnage influent dans le monde littéraire et ses amis, Baudelaire ou Hugo, admirent son talent. Artiste éclectique, il est aussi chroniqueur, dramaturge et essayiste. C'est lui qui le premier découvre un tout jeune poète inconnu du grand public : Arthur Rimbaud.

Oh ! quand la Mort

Oh ! quand la Mort, que rien ne saurait apaiser,
Nous prendra tous les deux dans un dernier baiser
Et jettera sur nous le manteau de ses ailes,
Puissions-nous reposer sous deux pierres jumelles !
Puissent les fleurs de rose aux parfums embaumés
Sortir de nos deux corps qui se sont tant aimés,
Et nos âmes fleurir ensemble, et sur nos tombes
Se becqueter longtemps d'amoureuses colombes !

Théodore de BANVILLE

(1823-1891)

Querelle

Lorsque ma sœur et moi, dans les forêts profondes,
Nous avions déchiré nos pieds sur les cailloux,
En nous baisant au front tu nous appelais fous,
Après avoir maudit nos courses vagabondes.

Puis, comme un vent d'été confond les fraîches ondes
De deux petits ruisseaux sur un lit calme et doux,
Lorsque tu nous tenais tous deux sur tes genoux,
Tu mêlais en riant nos chevelures blondes.

Et pendant bien longtemps nous restions là blottis,
Heureux, et tu disais parfois : Ô chers petits.
Un jour vous serez grands, et moi je serai vieille !

Les jours se sont enfuis, d'un vol mystérieux,
Mais toujours la jeunesse éclatante et vermeille
Fleurit dans ton sourire et brille dans tes yeux.

Bien souvent je revois …

Bien souvent je revois sous mes paupières closes,
La nuit, mon vieux Moulins bâti de briques roses,
Les cours tout embaumés par la fleur du tilleul,
Ce vieux pont de granit bâti par mon aïeul,
Nos fontaines, les champs, les bois, les chères tombes,
Le ciel de mon enfance où volent des colombes,
Les larges tapis d'herbe où l'on m'a promené
Tout petit, la maison riante où je suis né
Et les chemins touffus, creusés comme des gorges,
Qui mènent si gaiement vers ma belle Font-Georges,
À qui mes souvenirs les plus doux sont liés.
Et son sorbier, son haut salon de peupliers,
Sa source au flot si froid par la mousse embellie
Où je m'en allais boire avec ma sœur Zélie,
Je les revois ; je vois les bons vieux vignerons
Et les abeilles d'or qui volaient sur nos fronts,
Le verger plein d'oiseaux, de chansons, de murmures,
Les pêchers de la vigne avec leurs pêches mûres,
Et j'entends près de nous monter sur le coteau
Les joyeux aboiements de mon chien Calisto !

La source n'est que l'eau du mont
Qui filtre et dans le val affleure :
Mon âme, hélas ! voit luire au fond
Une sœur qui l'appelle et pleure...
Sully Prudhomme

Sully PRUDHOMME

(1839-1907)

C'est Sainte-Beuve qui découvre
le jeune Sully Prudhomme,
alors ingénieur au Creusot,
quand, à vingt-six ans, il publie ses
premiers poèmes. Proche du mouvement
parnassien, il est élu à l'Académie
française en 1881.
Peu à peu, il s'éloigne de la poésie,
et s'intéresse davantage
à l'esthétique et à la philosophie.
En 1901, il reçoit le prix Nobel
de littérature et consacre une grande
partie de la dotation reçue
à cette occasion pour créer la Société
des poètes français.

Sully PRUDHOMME

(1839-1907)

Un songe

Le laboureur m'a dit en songe : « Fais ton pain,
Je ne te nourris plus, gratte la terre et sème. »
Le tisserand m'a dit : « Fais tes habits toi-même. »
Et le maçon m'a dit : « Prends ta truelle en main. »

Et seul, abandonné de tout le genre humain
Dont je traînais partout l'implacable anathème,
Quand j'implorais du ciel une pitié suprême,
Je trouvais des lions debout dans mon chemin.

J'ouvris les yeux, doutant si l'aube était réelle :
De hardis compagnons sifflaient sur leur échelle,
Les métiers bourdonnaient, les champs étaient semés.

Je connus mon bonheur et qu'au monde où nous sommes
Nul ne peut se vanter de se passer des hommes ;
Et depuis ce jour-là je les ai tous aimés.

Les Yeux

Bleus ou noirs, tous aimés, tous beaux,
Des yeux sans nombre ont vu l'aurore ;
Ils dorment au fond des tombeaux
Et le soleil se lève encore.

Les nuits plus douces que les jours
Ont enchanté des yeux sans nombre ;
Les étoiles brillent toujours
Et les yeux se sont remplis d'ombre.

Oh ! qu'ils aient perdu le regard,
Non, non, cela n'est pas possible !
Ils se sont tournés quelque part
Vers ce qu'on nomme l'invisible ;

Et comme les astres penchants,
Nous quittent, mais au ciel demeurent,
Les prunelles ont leurs couchants,
Mais il n'est pas vrai qu'elles meurent :

Bleus ou noirs, tous aimés, tous beaux,
Ouverts à quelque immense aurore,
De l'autre côté des tombeaux
Les yeux qu'on ferme voient encore.

Ceci n'est pas un sermon littéraire, prends
garde à tout petit pain, le soleil est traître,
à cause du froid. Ne fais pas la goulue,
ni te précipite des dîners.
jours dans ta
t'emmener aux œufs et au lait, ce temps-là,
sage... enfin ce sera tout comme et en
revenant je te trouverai sans bobo. Seulement
c'est partir, te sachant endolorie, qui est
dur, même sans inquiétude. Je te bécote.
Stéphane Mallarmé

Stéphane MALLARMÉ

(1842-1898)

Étienne Mallarmé, dit Stéphane Mallarmé, étudie d'abord l'anglais afin de « mieux lire Poe ». Il enseigne la langue tout en construisant une œuvre poétique importante. Il est l'un des fondateurs du symbolisme, un mouvement littéraire conçu en réaction au naturalisme.
En effet, Mallarmé s'éloigne de ses contemporains en jouant de la suggestion et en tentant de trouver un tout nouveau langage poétique. D'abord peu compris, il rencontrera le succès grâce au soutien de ses amis Verlaine et Huysmans.

Renouveau

Le printemps maladif a chassé tristement
L'hiver, saison de l'art serein, l'hiver lucide,
Et, dans mon être à qui le sang morne préside
L'impuissance s'étire en un long bâillement.

Des crépuscules blancs tiédissent sous mon crâne
Qu'un cercle de fer serre ainsi qu'un vieux tombeau
Et triste, j'erre après un rêve vague et beau,
Par les champs où la sève immense se pavane

Puis je tombe énervé de parfums d'arbres, las,
Et creusant de ma face une fosse à mon rêve,
Mordant la terre chaude où poussent les lilas,

J'attends, en m'abîmant que mon ennui s'élève...
– Cependant l'Azur rit sur la haie et l'éveil
De tant d'oiseaux en fleur gazouillant au soleil.

Stéphane MALLARMÉ

(1842-1898)

Mercredi 3 heures

Brise marine

La chair est triste, hélas ! et j'ai lu tous les livres.
Fuir ! là-bas fuir ! Je sens que des oiseaux sont ivres
D'être parmi l'écume inconnue et les cieux !
Rien, ni les vieux jardins reflétés par les yeux
Ne retiendra ce cœur qui dans la mer se trempe
Ô nuits ! ni la clarté déserte de ma lampe
Sur le vide papier que la blancheur défend
Et ni la jeune femme allaitant son enfant.
Je partirai ! Steamer balançant ta mâture,
Lève l'ancre pour une exotique nature !

Un Ennui, désolé par les cruels espoirs,
Croit encore à l'adieu suprême des mouchoirs !
Et, peut-être, les mâts, invitant les orages,
Sont-ils de ceux qu'un vent penche sur les naufrages
Perdus, sans mâts, sans mâts, ni fertiles îlots...
Mais, ô mon cœur, entends le chant des matelots !

Apparition

La lune s'attristait. Des séraphins en pleurs
Rêvant, l'archet aux doigts, dans le calme des fleurs
Vaporeuses, tiraient de mourantes violes
De blancs sanglots glissant sur l'azur des corolles
– C'était le jour béni de ton premier baiser.
Ma songerie aimant à me martyriser
S'enivrait savamment du parfum de tristesse
Que même sans regret et sans déboire laisse

La cueillaison d'un Rêve au cœur qui l'a cueilli.
J'errais donc, l'œil rivé sur le pavé vieilli
Quand avec du soleil aux cheveux, dans la rue
Et dans le soir, tu m'es en riant apparue
Et j'ai cru voir la fée au chapeau de clarté
Qui jadis sur mes beaux sommeils d'enfant gâté
Passait, laissant toujours de ses mains mal fermées
Neiger de blancs bouquets d'étoiles parfumées.

Wollner
Voilà ce que c'était ; vous ne m'avez pas encore envoyé de timbres-postes

Tristan CORBIÈRE

(1845-1875)

Édouard-Joachim Corbière naît
en Bretagne.
De constitution fragile,
c'est un garçon quelque
peu excentrique, aimant se déguiser
en forçat, en femme ou en mendiant.
Il choisit de se prénommer Tristan
pour « triste en corps bière ».
Il publie son seul recueil de poème
à compte d'auteur, « Les Amours
jaunes », qui ne trouve pas d'écho.
Seul Verlaine reconnaîtra son talent
quelques années après sa mort,
et lui consacrera un chapitre de son
ouvrage « Les Poètes maudits ».

Tristan CORBIÈRE

(1845-1875)

Steam-boat

À une passagère.
En fumée elle est donc chassée
L'éternité, la traversée
Qui fit de Vous ma sœur d'un jour,
Ma sœur d'amour !...

Là-bas : cette mer incolore
Où ce qui fut Toi flotte encore...
Ici : la terre, ton écueil,
Tertre de deuil !

On t'espère là... Va légère !
Qui te bercera, Passagère ?...
Ô passagère [de] mon cœur,
Ton remorqueur !...

Quel ménélas, sur son rivage,
Fait le pied ?... – Va, j'ai ton sillage...
J'ai, – quand il est là voir venir, –
Ton souvenir !

Il n'aura pas, lui, ma Peureuse,
Les sauts de ta gorge houleuse !...
Tes sourcils salés de poudrain
Pendant un grain !

Il ne t'aura pas : effrontée !
Par tes cheveux au vent fouettée !...
Ni, durant les longs quarts de nuit,
Ton doux ennui...

Ni ma poésie où : – Posée,
Tu seras la mouette blessée,
Et moi le flot qu'elle rasa...,
Et cætera.

– Le large, bête sans limite,
Me paraîtra bien grand, Petite,
Sans Toi !... Rien n'est plus l'horizon
Qu'une cloison,

Qu'elle va me sembler étroite !
Tout seul, la boîte à deux !... la boîte
Où nous n'avions qu'un oreiller
Pour sommeiller.

Déjà le soleil se fait sombre
Qui ne balance plus ton ombre,
Et la houle a fait un grand pli...
– Comme l'oubli ! –

Ainsi déchantait sa fortune,
En vigie, au sec, dans la hune,
Par un soir frais, vers le matin,
Un pilotin.

Mirliton

Dors d'amour, méchant ferreur de cigales !
Dans le chiendent qui te couvrira
La cigale aussi pour toi chantera,
Joyeuse, avec ses petites cymbales.

La rosée aura des pleurs matinales ;
Et le muguet blanc fait un joli drap...
Dors d'amour, méchant ferreur de cigales.
Pleureuses en troupeau passeront les rafales...

La Muse camarde ici posera,
Sur ta bouche noire encore elle aura
Ces rimes qui vont aux moelles des pâles...
Dors d'amour, méchant ferreur de cigales.

Scène 3.
Mario, le Marquis, Phylis.
Grand étonnement du Marquis de voir arriver
son enfant tout seul. L'enfant raconte que
le château est cerné par les reîtres. Mais
qu'au moment de voir donner l'assaut, il s'est
enfui par le passage souterrain et qu'il s'est
sauvé adroitement dans la campagne. Bah!

George SAND

(1804-1876)

Grande figure du romantisme, George Sand est une femme libre, toujours en avance sur son temps. On sait qu'elle a été la maîtresse d'Alfred de Musset ou de Frédéric Chopin, et que ses amis s'appellent Gustave Flaubert ou Eugène Delacroix. Ses romans sont restés célèbres mais on oublie parfois qu'elle a aussi écrit des contes et des poèmes destinés à ses petits-enfants ou consacrés à sa campagne du Berry qu'elle chérissait.

À Aurore

La nature est tout ce qu'on voit,
Tout ce qu'on veut, tout ce qu'on aime.
Tout ce qu'on sait, tout ce qu'on croit,
Tout ce que l'on sent en soi-même.

Elle est belle pour qui la voit,
Elle est bonne à celui qui l'aime,
Elle est juste quand on y croit
Et qu'on la respecte en soi-même.

Regarde le ciel, il te voit,
Embrasse la terre, elle t'aime.
La vérité c'est ce qu'on croit
En la nature c'est toi-même.

sur je ne sais quel Styx morne, au centre de l'O
magnifique, qui vibre autour de lui sur l'eau,
Mélancoliquement, mon esprit fait la planche.
Germain Nouveau.

Germain NOUVEAU

(1851-1920)

Varois, Germain Nouveau monte à la capitale et s'y installe dès l'âge de vingt ans. Il fréquente des artistes et mène une vie de bohème. C'est là qu'il rencontre celui qui deviendra son ami et qui influencera sa poésie : Arthur Rimbaud. Son œuvre est avant tout composée de poésies religieuses, telles que « Les Cathédrales ». En pleine crise mystique, et prenant comme modèle saint Benoît Labre, Germain Nouveau s'éteint, victime d'un jeûne trop prolongé.

Fin d'automne

C'est le soir au jardin du Luxembourg ; les portes
Vont se fermer ; le jour qui meurt à l'horizon
Semble un dernier adieu de la douce saison ;
Le pied foule un tapis mourant de feuilles mortes.

La nuit lente descend ; on entend s'apaiser
Des passants attardés les pas et les murmures ;
Les groupes, sur leur socle, au milieu des ramures,
Pour conjurer le froid échangent un baiser.

Car voici que l'Hiver s'avance, triste et sombre !
Vous allez être seuls, ô pauvres marbres nus !
Les amoureux discrets, à vous tous bien connus,
Ne viendront de longtemps s'abriter à votre ombre.

Un brouillard gris et fin s'estompe dans les airs ;
Le mystère se fait dans les mornes allées
Que hanteront bientôt les bises désolées ;
Les moineaux sont partis et les bancs sont déserts.

Oh ! le triste retour des saisons enrhumées !
Déjà sur votre épaule un frisson vient courir ;
Déjà le cœur se serre et, comme pour s'ouvrir,
Aspire au chaud parfum des chambres bien fermées.

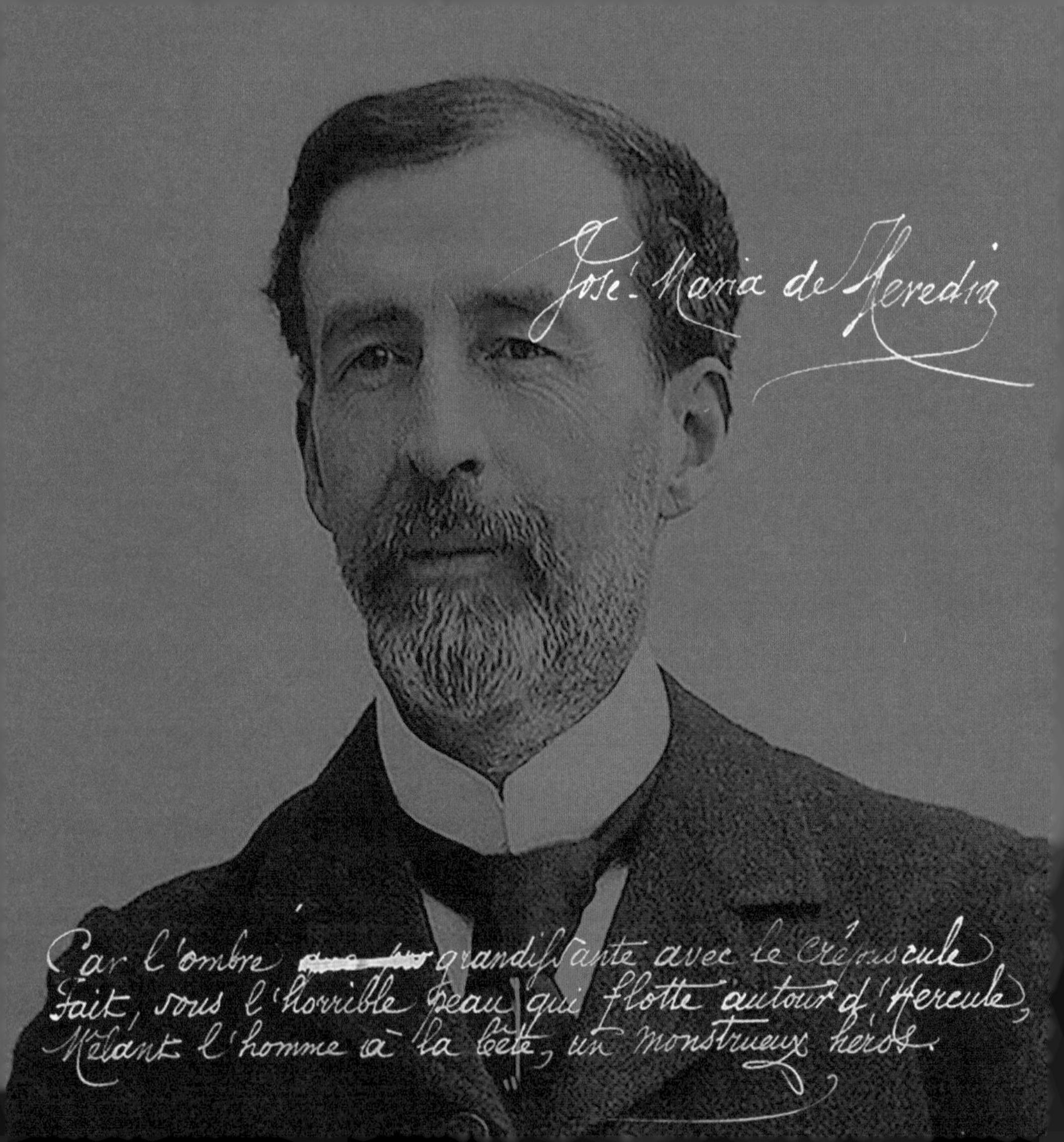
José-Maria de Heredia
Car l'ombre grandissante avec le Crépuscule
Fait, sous l'horrible peau qui flotte autour d'Hercule,
Mêlant l'homme à la bête, un monstrueux héros.

José-Maria de HEREDIA

(1842-1905)

Né à Cuba, José-Maria de Heredia s'installe à Paris en 1861. Il se lance dans l'écriture de poésies, toujours influencé par le mouvement parnassien. Après avoir publié dans des revues, il regroupe ses cent dix-huit sonnets dans un seul recueil, « Les Trophées », dans lequel il retrace l'histoire du monde. Poète reconnu, il est élu à l'Académie française en 1894. Sa deuxième fille, Marie, épousera Henri de Régnier tandis que sa benjamine, Louise, sera la femme de Pierre Louÿs.

José-Maria de HEREDIA

(1842-1905)

Soleil couchant

Les ajoncs éclatants, parure du granit,
Dorent l'âpre sommet que le couchant allume ;
Au loin, brillante encor par sa barre d'écume,
La mer sans fin commence où la terre finit.

À mes pieds c'est la nuit, le silence. Le nid
Se tait, l'homme est rentré sous le chaume qui fume.
Seul, l'Angélus du soir, ébranlé dans la brume,
À la vaste rumeur de l'Océan s'unit.

Alors, comme du fond d'un abîme, des traînes,
Des landes, des ravins, montent des voix lointaines
De pâtres attardés ramenant le bétail.

L'horizon tout entier s'enveloppe dans l'ombre,
Et le soleil mourant, sur un ciel riche et sombre,
Ferme les branches d'or de son rouge éventail.

La Sieste

Pas un seul bruit d'insecte ou d'abeille en maraude,
Tout dort sous les grands bois accablés de soleil
Où le feuillage épais tamise un jour pareil
Au velours sombre et doux des mousses d'émeraude.

Criblant le dôme obscur, Midi splendide y rôde
Et, sur mes cils mi-clos alanguis de sommeil,
De mille éclairs furtifs forme un réseau vermeil
Qui s'allonge et se croise à travers l'ombre chaude.

Vers la gaze de feu que trament les rayons
Vole le frêle essaim des riches papillons
Qu'enivrent la lumière et le parfum des sèves ;

Alors mes doigts tremblants saisissent chaque fil,
Et dans les mailles d'or de ce filet subtil,
Chasseur harmonieux, j'emprisonne mes rêves.

C'était un vrai petit voyou.
Elle venait on ne sait d'où.
Moi, je l'aimais comme une bête
Oh! la jeunesse, quelle fête!
Un baiser derrière son cou...
La fit rire et me rendit fou.
Sainfoin, bouton d'or, pâquerette,
Surveillaient notre tête à tête

Charles CROS

(1842-1888)

Scientifique et chercheur, Charles Cros a plus d'une corde à son arc ! En 1877, il invente un appareil de reproduction des sons qu'il nomme « paléophone », tandis qu'outre-Atlantique, Thomas Edison met au point le phonographe, qui éclipsera la découverte de Cros.
Mais il est aussi auteur et crée Le Cercle des poètes zutiques. Son œuvre, boudée par ses contemporains, inspirera les surréalistes. L'Académie Charles-Cros, fondée en son honneur, attribue chaque année des grands prix du disque.

Charles CROS

(1842-1888)

Le Hareng saur

À Guy.

Il était un grand mur blanc – nu, nu, nu,
Contre le mur une échelle – haute, haute, haute,
Et, par terre, un hareng saur – sec, sec, sec.

Il vient, tenant dans ses mains – sales, sales, sales,
Un marteau lourd, un grand clou – pointu, pointu, pointu,
Un peloton de ficelle – gros, gros, gros.

Alors il monte à l'échelle – haute, haute, haute,
Et plante le clou pointu – toc, toc, toc,
Tout en haut du grand mur blanc – nu, nu, nu.

Il laisse aller le marteau – qui tombe, qui tombe, qui tombe,
Attache au clou la ficelle – longue, longue, longue,
Et, au bout, le hareng saur – sec, sec, sec.

Il redescend de l'échelle – haute, haute, haute,
L'emporte avec le marteau – lourd, lourd, lourd,
Et puis, il s'en va ailleurs – loin, loin, loin.

Et, depuis, le hareng saur – sec, sec, sec,
Au bout de cette ficelle – longue, longue, longue,
Très lentement se balance – toujours, toujours, toujours.

J'ai composé cette histoire – simple, simple, simple,
Pour mettre en fureur les gens – graves, graves, graves,
Et amuser les enfants – petits, petits, petits.

Un immense désespoir

Un immense désespoir
Noir
M'atteint
Désormais, je ne pourrais
M'égayer au rose et frais
Matin.

Et je tombe dans un trou
Fou,
Pourquoi
Tout ce que j'ai fait d'efforts
Dans l'Idéal m'a mis hors
La Loi ?

Satan, lorsque tu tombas
Bas,
Au moins
Tu payais tes vœux cruels,
Ton crime avait d'immortels
Témoins.

Moi, je n'ai jamais troublé,
Blé,
L'espoir
Que tu donnes aux semeurs
Cependant, puni, je meurs
Ce soir.

J'ai fait à quelque animal
Mal
Avec
Une badine en chemin,
Il se vengera demain
Du bec.

Il me crèvera les yeux
Mieux
Que vous
Avec l'épingle à chapeau
Femmes, au contact de peau
Si doux.

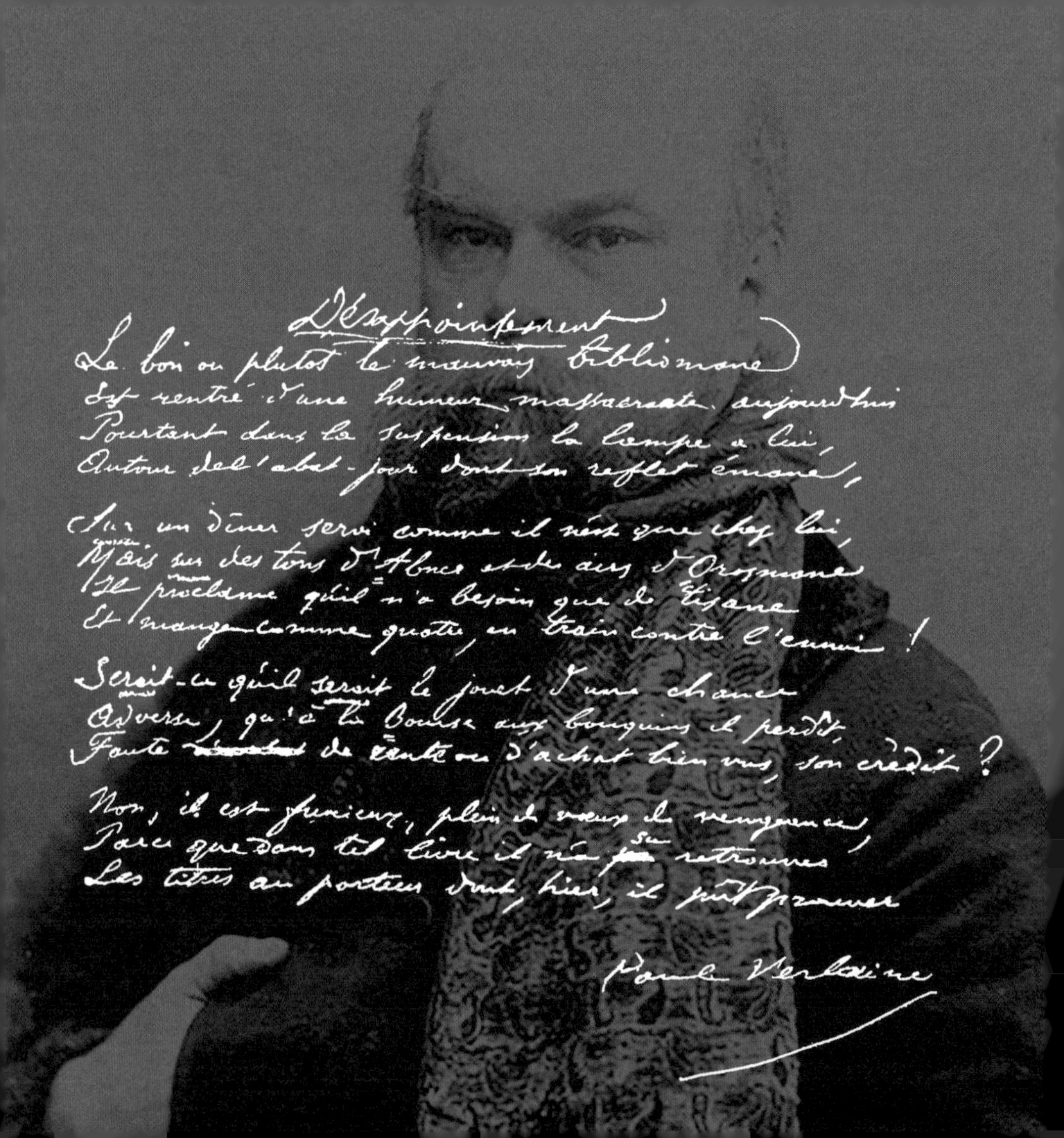
Désappointement
Le bon ou plutôt le mauvais bibliomane
Est rentré d'une humeur massacrante aujourd'hui
Pourtant dans la suspension la lampe a lui,
Autour de l'abat-jour dont son reflet émane,
Sur un dîner servi comme il n'est que chez lui,
Mais sur des tons d'Abner et des airs d'Orosmane
Il proclame qu'il n'a besoin que de tisane
Et mange comme quatre, en train contre l'ennui !
Serait-ce qu'il serait le jouet d'une chance
Adverse, qu'à la Bourse aux bouquins il perdît,
Faute de vente ou d'achat bien vus, son crédit ?
Non, il est furieux, plein de vœux de vengeance,
Parce que dans tel livre il n'a su retrouver
Les titres au porteur dont, hier, il put prouver
Paul Verlaine

Paul VERLAINE

(1844-1896)

Il est l'un des plus grands auteurs français et aura eu une vie extraordinairement tumultueuse. Lorsqu'il découvre Baudelaire, Verlaine décide de devenir poète. Il quitte sa femme après sa rencontre avec Rimbaud avec qui il entretient une relation orageuse et violente : il ira jusqu'à le blesser avec un revolver et sera condamné à deux ans de prison. Il finit sa vie dans une extrême pauvreté mais reçoit le titre de Prince des poètes, au même titre que Ronsard ou Mallarmé.

Mon rêve familier

Je fais souvent ce rêve étrange et pénétrant
D'une femme inconnue, et que j'aime, et qui m'aime
Et qui n'est, chaque fois, ni tout à fait la même
Ni tout à fait une autre, et m'aime et me comprend.

Car elle me comprend, et mon cœur, transparent
Pour elle seule, hélas ! cesse d'être un problème
Pour elle seule, et les moiteurs de mon front blême,
Elle seule les sait rafraîchir, en pleurant.

Est-elle brune, blonde ou rousse ? – Je l'ignore.
Son nom ? Je me souviens qu'il est doux et sonore
Comme ceux des aimés que la Vie exila.

Son regard est pareil au regard des statues,
Et, pour sa voix, lointaine, et calme, et grave, elle a
L'inflexion des voix chères qui se sont tues.

Paul VERLAINE

(1844-1896)

Chanson d'automne

Les sanglots longs
Des violons
De l'automne
Blessent mon cœur
D'une langueur
Monotone.

Tout suffocant
Et blême, quand
Sonne l'heure,
Je me souviens
Des jours anciens
Et je pleure

Et je m'en vais
Au vent mauvais
Qui m'emporte
Deçà, delà,
Pareil à la
Feuille morte

Le ciel est, par-dessus...

Le ciel est, par-dessus le toit,
Si bleu, si calme !
Un arbre, par-dessus le toit,
Berce sa palme.

La cloche, dans le ciel qu'on voit,
Doucement tinte.
Un oiseau sur l'arbre qu'on voit
Chante sa plainte.

Mon Dieu, mon Dieu, la vie est là,
Simple et tranquille.
Cette paisible rumeur-là
Vient de la ville.

– Qu'as-tu fait, ô toi que voilà
Pleurant sans cesse,
Dis, qu'as-tu fait, toi que voilà,
De ta jeunesse ?

Il pleure dans mon cœur

Il pleure dans mon cœur
Comme il pleut sur la ville ;
Quelle est cette langueur
Qui pénètre mon cœur ?

Ô bruit doux de la pluie
Par terre et sur les toits !
Pour un cœur qui s'ennuie
Ô le chant de la pluie !

Il pleure sans raison
Dans ce cœur qui s'écœure.
Quoi ! nulle trahison ?...
Ce deuil est sans raison.

C'est bien la pire peine
De ne savoir pourquoi
Sans amour et sans haine
Mon cœur a tant de peine !

Et le soir, au rayons de lune, qui lui font
Aux contours du cul des bavures de lumière,
Une ombre avec détails s'accroupit, sur un fond
De neige rose ainsi qu'une rose trémière ....
Fantasque, un nez poursuit Vénus au ciel profond.
Vous seriez exécrable de ne pas répondre : vite, car dans
huit jours je serai à Paris, peut-être.
Au revoir. A. Rimbaud

Arthur RIMBAUD

(1854-1891)

Il était beau, brillant, précoce : à quatorze ans, il écrit ses premiers poèmes, à seize ans, il est publié. Tout est chez lui légendaire : de ses amours avec Verlaine à ses voyages en Afrique, Arthur Rimbaud l'insoumis, le révolté, demeure le poète favori des générations qui l'ont suivi. Il cesse d'écrire à dix-neuf ans, laissant une œuvre majeure avec « Les Illuminations » et « Une saison en enfer ». L'Homme aux semelles de vent, comme le surnommait Verlaine, n'en finit pas de fasciner.

Arthur RIMBAUD

(1854-1891)

Le Bâteau ivre

Comme je descendais des Fleuves impassibles,
Je ne me sentis plus guidé par les haleurs :
Des Peaux-Rouges criards les avaient pris pour cibles
Les ayant cloués nus aux poteaux de couleurs.

J'étais insoucieux de tous les équipages,
Porteur de blés flamands ou de cotons anglais.
Quand avec mes haleurs ont fini ces tapages
Les Fleuves m'ont laissé descendre où je voulais.

Dans les clapotements furieux des marées
Moi l'autre hiver plus sourd que les cerveaux d'enfants,
Je courus ! Et les Péninsules démarrées
N'ont pas subi tohu-bohus plus triomphants.

La tempête a béni mes éveils maritimes.
Plus léger qu'un bouchon j'ai dansé sur les flots
Qu'on appelle rouleurs éternels de victimes,
Dix nuits, sans regretter l'œil niais des falots !

Plus douce qu'aux enfants la chair des pommes sûres,
L'eau verte pénétra ma coque de sapin
Et des taches de vins bleus et des vomissures
Me lava, dispersant gouvernail et grappin

Et dès lors, je me suis baigné dans le Poème
De la Mer, infusé d'astres, et lactescent,
Dévorant les azurs verts ; où, flottaison blême
Et ravie, un noyé pensif parfois descend ;

Où, teignant tout à coup les bleuités, délires
Et rythmes lents sous les rutilements du jour,
Plus fortes que l'alcool, plus vastes que nos lyres,
Fermentent les rousseurs amères de l'amour !

Je sais les cieux crevant en éclairs, et les trombes
Et les ressacs et les courants : Je sais le soir,
L'aube exaltée ainsi qu'un peuple de colombes,
Et j'ai vu quelquefois ce que l'homme a cru voir !

J'ai vu le soleil bas, taché d'horreurs mystiques,
Illuminant de longs figements violets,
Pareils à des acteurs de drames très-antiques
Les flots roulant au loin leurs frissons de volets !

J'ai rêvé la nuit verte aux neiges éblouies,
Baiser montant aux yeux des mers avec lenteurs,
La circulation des sèves inouïes,
Et l'éveil jaune et bleu des phosphores chanteurs !

J'ai suivi, des mois pleins, pareille aux vacheries
Hystériques, la houle à l'assaut des récifs,
Sans songer que les pieds lumineux des Maries
Pussent forcer le mufle aux Océans poussifs !

J'ai heurté, savez-vous, d'incroyables Florides
Mêlant aux fleurs des yeux de panthères à peaux
D'hommes ! Des arcs-en-ciel tendus comme des brides
Sous l'horizon des mers, à de glauques troupeaux !

J'ai vu fermenter les marais énormes, nasses
Où pourrit dans les joncs tout un Léviathan !
Des écroulements d'eau au milieu des bonaces,
Et les lointains vers les gouffres cataractant !

Arthur RIMBAUD

(1854-1891)

Glaciers, soleils d'argent, flots nacreux, cieux de braises !
Échouages hideux au fond des golfes bruns
Où les serpents géants dévorés de punaises
Choient, des arbres tordus, avec de noirs parfums !

J'aurais voulu montrer aux enfants ces dorades
Du flot bleu, ces poissons d'or, ces poissons chantants.
– Des écumes de fleurs ont bercé mes dérades
Et d'ineffables vents m'ont ailé par instants.

Parfois, martyr lassé des pôles et des zones,
La mer dont le sanglot faisait mon roulis doux
Montait vers moi ses fleurs d'ombres aux ventouses jaunes
Et je restais, ainsi qu'une femme à genoux...

Presque île, ballottant sur mes bords les querelles
Et les fientes d'oiseaux clabaudeurs aux yeux blonds
Et je voguais, lorsqu'à travers mes liens frêles
Des noyés descendaient dormir, à reculons !

Or moi, bateau perdu sous les cheveux des anses,
Jeté par l'ouragan dans l'éther sans oiseau,
Moi dont les Monitors et les voiliers des Hanses
N'auraient pas repêché la carcasse ivre d'eau ;

Libre, fumant, monté de brumes violettes,
Moi qui trouais le ciel rougeoyant comme un mur
Qui porte, confiture exquise aux bons poètes,
Des lichens de soleil et des morves d'azur,

Qui courais, taché de lunules électriques,
Planche folle, escorté des hippocampes noirs,
Quand les juillets faisaient crouler à coups de triques
Les cieux ultramarins aux ardents entonnoirs ;

Moi qui tremblais, sentant geindre à cinquante lieues
Le rut des Béhémots et les Maelstroms épais,
Fileur éternel des immobilités bleues,
Je regrette l'Europe aux anciens parapets !

J'ai vu des archipels sidéraux ! et des îles
Dont les cieux délirants sont ouverts au vogueur :
– Est-ce en ces nuits sans fond que tu dors et t'exiles,
Million d'oiseaux d'or, ô future Vigueur ? –

Mais, vrai, j'ai trop pleuré ! Les Aubes sont navrantes.
Toute lune est atroce et tout soleil amer :
L'âcre amour m'a gonflé de torpeurs enivrantes.
Ô que ma quille éclate ! ô que j'aille à la mer !

Si je désire une eau d'Europe, c'est la flache
Noire et froide où vers le crépuscule embaumé
Un enfant accroupi plein de tristesses, lâche
Un bateau frêle comme un papillon de mai.

Je ne puis plus, baigné de vos langueurs, ô lames,
Enlever leur sillage aux porteurs de cotons,
Ni traverser l'orgueil des drapeaux et des flammes,
Ni nager sous les yeux horribles des pontons.

Arthur RIMBAUD

(1854-1891)

Le Dormeur du val

C'est un trou de verdure où chante une rivière,
Accrochant follement aux herbes des haillons
D'argent ; où le soleil, de la montagne fière,
Luit : c'est un petit val qui mousse de rayons.

Un soldat jeune, bouche ouverte, tête nue,
Et la nuque baignant dans le frais cresson bleu,
Dort ; il est étendu dans l'herbe, sous la nue,
Pâle dans son lit vert où la lumière pleut.

Les pieds dans les glaïeuls, il dort. Souriant comme
Sourirait un enfant malade, il fait un somme :
Nature, berce-le chaudement : il a froid.

Les parfums ne font pas frissonner sa narine ;
Il dort dans le soleil, la main sur sa poitrine,
Tranquille. Il a deux trous rouges au côté droit.

Ma Bohème

Je m'en allais, les poings dans mes poches crevées ;
Mon paletot aussi devenait idéal ;
J'allais sous le ciel, Muse ! et j'étais ton féal ;
Oh ! là ! là ! que d'amours splendides j'ai rêvées !

Mon unique culotte avait un large trou.
– Petit-Poucet rêveur, j'égrenais dans ma course
Des rimes. Mon auberge était à la Grande-Ourse.
– Mes étoiles au ciel avaient un doux frou-frou

Et je les écoutais, assis au bord des routes,
Ces bons soirs de septembre où je sentais des gouttes
De rosée à mon front, comme un vin de vigueur ;

Où, rimant au milieu des ombres fantastiques,
Comme des lyres, je tirais les élastiques
De mes souliers blessés, un pied près de mon cœur !

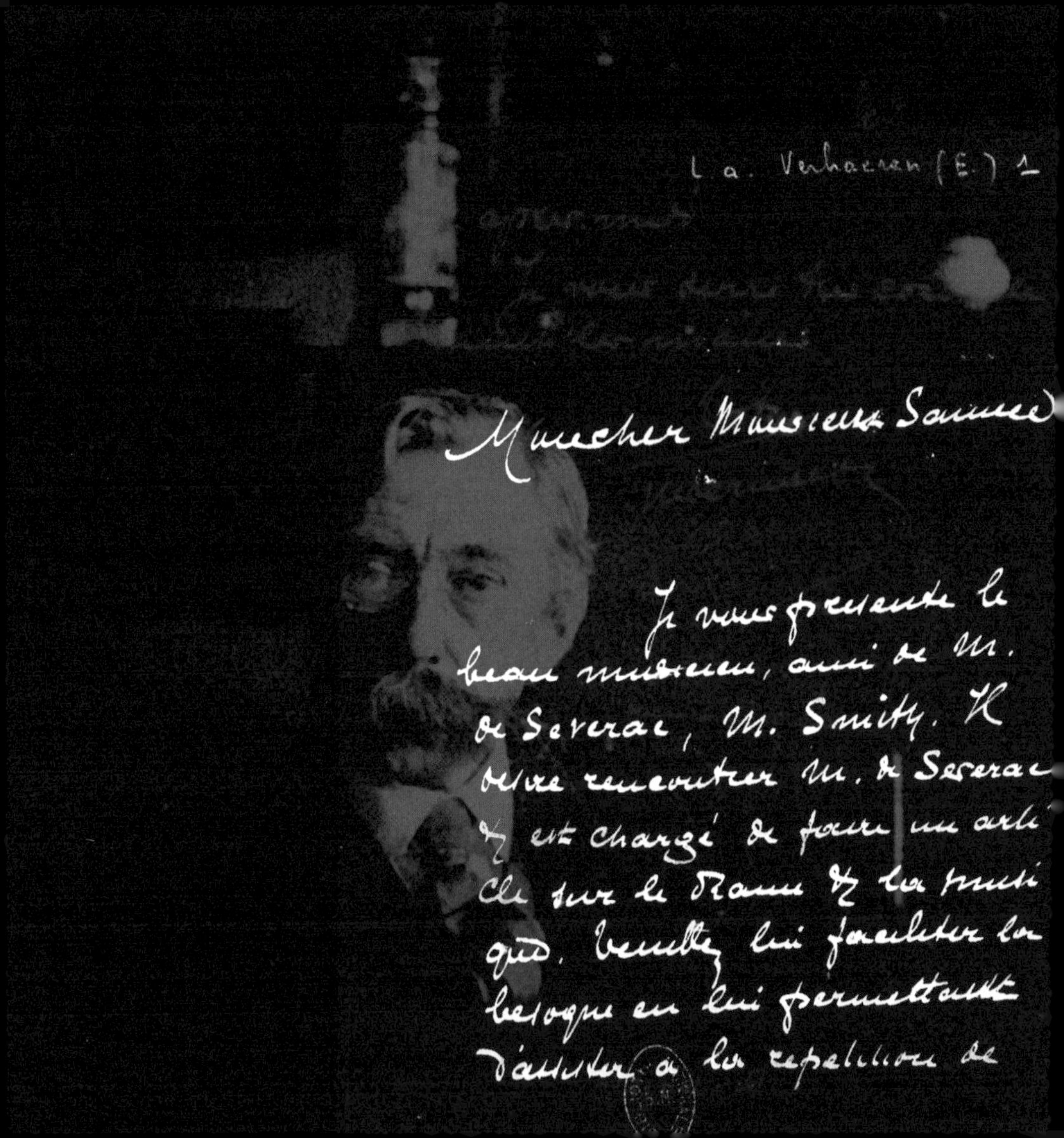

L. a. Verhaeren (E.) 1

Mon cher Monsieur Samuel

Je vous présente le
beau musicien, ami de M.
de Séverac, M. Smith. Il
désire rencontrer M. de Séverac
et est chargé de faire un arti
cle sur le Drame de la musi
que. Veuillez lui faciliter la
besogne en lui permettant
d'assister à la répétition de

Émile VERHAEREN

(1855-1916)

Il est sans doute le plus grand des poètes belges de langue française. Après ses études, Émile Verhaeren se tourne vers la littérature et publie un premier recueil, « Les Flamandes ». Victime de dépression, il ne retrouvera la joie de vivre qu'auprès de sa femme, l'artiste Marthe Massin, à qui il dédie de nombreux vers. Très engagé, il lutte contre l'injustice sociale et le déclin des régions rurales, et jouit d'une renommée mondiale avant de mourir accidentellement à l'âge de soixante et un ans.

Émile VERHAEREN

(1855-1916)

Le Vent

Sur la bruyère longue infiniment,
Voici le vent cornant Novembre ;
Sur la bruyère, infiniment,
Voici le vent
Qui se déchire et se démembre,
En souffles lourds, battant les bourgs ;
Voici le vent,
Le vent sauvage de Novembre.

Aux puits des fermes,
Les seaux de fer et les poulies
Grincent ;
Aux citernes des fermes.
Les seaux et les poulies
Grincent et crient
Toute la mort, dans leurs mélancolies.

Le vent rafle, le long de l'eau,
Les feuilles mortes des bouleaux,
Le vent sauvage de Novembre ;
Le vent mord, dans les branches,
Des nids d'oiseaux ;
Le vent râpe du fer
Et peigne, au loin, les avalanches,
Rageusement du vieil hiver,
Rageusement, le vent,
Le vent sauvage de Novembre.

Dans les étables lamentables,
Les lucarnes rapiécées
Ballottent leurs loques falotes
De vitres et de papier.
– Le vent sauvage de Novembre ! –
Sur sa butte de gazon bistre,
De bas en haut, à travers airs,
De haut en bas, à coups d'éclairs,
Le moulin noir fauche, sinistre,
Le moulin noir fauche le vent,
Le vent,
Le vent sauvage de Novembre.

Les vieux chaumes, à cropetons,
Autour de leurs clochers d'église.
Sont ébranlés sur leurs bâtons ;
Les vieux chaumes et leurs auvents
Claquent au vent,
Au vent sauvage de Novembre.
Les croix du cimetière étroit,
Les bras des morts que sont ces croix,
Tombent, comme un grand vol,
Rabattu noir, contre le sol.

Le vent sauvage de Novembre,
Le vent,
L'avez-vous rencontré le vent,
Au carrefour des trois cents routes,
Criant de froid, soufflant d'ahan,
L'avez-vous rencontré le vent,
Celui des peurs et des déroutes ;
L'avez-vous vu, cette nuit-là,
Quand il jeta la lune à bas,
Et que, n'en pouvant plus,
Tous les villages vermoulus
Criaient, comme des bêtes,
Sous la tempête ?

Sur la bruyère, infiniment,
Voici le vent hurlant,
Voici le vent cornant Novembre.

Automne

Matins frileux
Le vent se vêt de brume ;
Le vent retrousse au cou des pigeons bleus
Les plumes.
La poule appelle
Le pépiant fretin de ses poussins
Sous l'aile.
Panache au clair et glaive nu
Les lansquenets des girouettes
Pirouettent.
L'air est rugueux et cru ;
Un chat près du foyer se pelotonne ;
Et tout à coup, du coin du bois résonne,
Monotone et discord,
L'appel tintamarrant des cors
D'automne.

La Vie littéraire
Les trois confesseurs par Henry Bordeaux 1 vol. Plon.
Le voyageur par Edmond Jaloux 1 vol. Plon.

Henri de RÉGNIER

(1864-1936)

Gendre de José-Maria de Heredia, Henri de Régnier songe faire carrière dans la diplomatie puis décide de se tourner vers la littérature. Disciple de Stéphane Mallarmé, influencé par son beau-père, il est admiré par ses contemporains, en particulier par Marcel Proust. Son œuvre est éclectique : romans, contes, récits de voyage, essais, critiques littéraires et surtout journaux intimes. En 1911, il est élu à l'Académie française.

Henri de RÉGNIER

(1864-1936)

Si j'ai parlé de mon amour

Si j'ai parlé
De mon amour, c'est à l'eau lente
Qui m'écoute quand je me penche
Sur elle ; si j'ai parlé
De mon amour, c'est au vent
Qui rit et chuchote entre les branches ;
Si j'ai parlé de mon amour, c'est à l'oiseau
Qui passe et chante
Avec le vent ;
Si j'ai parlé
C'est à l'écho,

Si j'ai aimé de grand amour,
Triste ou joyeux,
Ce sont tes yeux ;
Si j'ai aimé de grand amour,
Ce fut ta bouche grave et douce,
Ce fut ta bouche ;
Si j'ai aimé de grand amour,
Ce furent ta chair tiède et tes mains fraîches,
Et c'est ton ombre que je cherche.

Les Cloches

Ce matin est si clair, si pur et si limpide
Que les cloches, qui l'ont à l'aurore éveillé
En sa douceur soyeuse et en sa fraîcheur vive,
Semblent tinter au ciel, où longtemps elle vibre,
Une gamme d'argent et de cristal mouillé.

Midi. Le fort soleil accable la ramure
Et verse ses rayons sur les choses et pleut
Sa lumière éclatante, impitoyable et dure ;
Et les cloches, dans l'air qui brûle leur murmure,
Semblent fondre les gouttes d'or de l'heure en feu.

Les cloches de ce soir ont des rumeurs de bronze
Comme si se heurtaient entre eux des fruits d'airain
Et, mûres maintenant pour la nuit et pour l'ombre,
Elles sonnent au fond d'un ciel d'où filtre et tombe
La cendre qui succède au crépuscule éteint.

Le jour renaîtra-t-il de la nuit taciturne ?
La vie est-elle morte avec lui sourdement ?
Vous entendrai-je encore, ô cloches, une à une,
Recommencer – Espoir, Amour, Regret – chacune
Votre bruit tour à tour d'or, de bronze et d'argent ?

Originaire du Pays basque, Paul-Jean Toulet se rend à Paris pour y mener une vie quelque peu dissolue. Auteur de romans – « Mon amie Nane » est publié en 1905 –, il compose de nombreux poèmes, souvent teintés d'ironie et de sarcasme. On le compare non pas à l'un de ses contemporains, mais plutôt à Clément Marot, tant son style s'intègre dans la tradition de la poésie ancienne. Ses « Contrerimes » (courts poèmes alternant octosyllabes et hexasyllabes) seront publiés après sa mort.

Paul-Jean TOULET

(1867-1920)

Aimez-vous le passé

Aimez-vous le passé
Et rêver d'histoires
Évocatoires
Aux contours effacés ?

Les vieilles chambres
Veuves de pas
Qui sentent tout bas
L'iris et l'ambre ;

La pâleur des portraits,
Les reliques usées
Que des morts ont baisées,
Chère, je voudrais

Qu'elles vous soient chères,
Et vous parlent un peu
D'un cœur poussiéreux
Et plein de mystère.

Pâle matin de Février

Pâle matin de Février
Couleur de tourterelle
Viens, apaise notre querelle,
Je suis las de crier ;

Las d'avoir fait saigner pour elle
Plus d'un noir encrier...
Pâle matin de Février
Couleur de tourterelle.

Le voyou
Dis donc ? Vous en avez du turbin, à la grande
et à la petite vitesse, à cause du déménagement
du type qui a acheté le château !

Francis JAMMES

(1868-1938)

À vingt-deux ans, il découvre Baudelaire. Ce choc littéraire incite Francis Jammes à rédiger ses propres poèmes. Devenu avoué chez un notaire d'Orthez, il passe plus de temps à écrire qu'à travailler et se voit soutenu par André Gide et Stéphane Mallarmé. En 1905, il se convertit au catholicisme et sa poésie devient plus religieuse. Il s'inspire aussi de la nature et de ses rêves de voyage pour composer et utilise le « vers libre », emprunté aux symbolistes. Jamais il ne quittera son Béarn natal.

Francis JAMMES

(1868-1938)

Il va neiger dans quelques jours

Il va neiger dans quelques jours. Je me souviens
de l'an dernier. Je me souviens de mes tristesses
au coin du feu. Si l'on m'avait demandé : qu'est-ce ?
J'aurais dit : laissez-moi tranquille. Ce n'est rien.

J'ai bien réfléchi, l'année avant, dans ma chambre,
pendant que la neige lourde tombait dehors.
J'ai réfléchi pour rien. À présent comme alors
je fume une pipe en bois avec un bout d'ambre.

Ma vieille commode en chêne sent toujours bon.
Mais moi j'étais bête parce que ces choses
ne pouvaient pas changer et que c'est une pose
de vouloir chasser les choses que nous savons.

Pourquoi donc pensons-nous et parlons-nous ? C'est drôle ;
nos larmes et nos baisers, eux, ne parlent pas
et cependant nous les comprenons, et les pas
d'un ami sont plus doux que de douces paroles.

On a baptisé les étoiles sans penser
qu'elles n'avaient pas besoin de nom, et les nombres
qui prouvent que les belles comètes dans l'ombre
passeront, ne les forceront pas à passer.

Et maintenant même, où sont mes vieilles tristesses
de l'an dernier ? À peine si je m'en souviens.
Je dirais : laissez-moi tranquille, ce n'est rien,
si dans ma chambre on venait me demander : qu'est-ce ?

Quand verrai-je les îles

Quand verrai-je les îles où furent des parents ?
Le soir, devant la porte et devant l'océan
on fumait des cigares en habit bleu barbeau.
Une guitare de nègre ronflait, et l'eau
de pluie dormait dans les cuves de la cour.
L'océan était comme des bouquets en tulle
et le soir triste comme l'été et une flûte.
On fumait des cigares noirs et leurs points rouges
s'allumaient comme ces oiseaux aux nids de mousse
dont parlent certains poètes de grand talent.
Ô Père de mon Père, tu étais là, devant
mon âme qui n'était pas née, et sous le vent
les avisos glissaient dans la nuit coloniale.
Quand tu pensais en fumant ton cigare,
et qu'un nègre jouait d'une triste guitare,
mon âme qui n'était pas née existait-elle ?
Était-elle la guitare ou l'aile de l'aviso ?
Était-elle le mouvement d'une tête d'oiseau
caché lors au fond des plantations,
ou le vol d'un insecte lourd dans la maison ?

Ecriture inhibée, légère, claire, très inégale,
descendante, simple, lâchée. –

Paul VALÉRY

(1871-1945)

Alors que, très jeune, Paul Valéry s'essaie à la poésie, un amour malheureux le décide de renoncer à toute velléité d'écriture. Il devient publicitaire, se marie, et ce n'est qu'en 1917, grâce à l'influence d'André Gide, son ami, qu'il publie à nouveau. « La Jeune Parque » sera un très grand succès. Il est bientôt élevé au rang de « poète d'État », reçoit de multiples récompenses et sera élu à l'Académie française au siège d'Anatole France. Il aura droit, à sa mort, à des funérailles nationales.

Paul VALÉRY

(1871-1945)

Le Bois amical

Nous avons pensé des choses pures
Côte à côte, le long des chemins,
Nous nous sommes tenus par les mains
Sans dire... parmi les fleurs obscures ;

Nous marchions comme des fiancés
Seuls, dans la nuit verte des prairies ;
Nous partagions ce fruit de féeries
La lune, amicale aux insensés.

Et puis, nous sommes morts sur la mousse,
Très loin, tout seuls, parmi l'ombre douce
De ce bois intime et murmurant.

Et là-haut, dans la lumière immense,
Nous nous sommes trouvés en pleurant
Ô mon cher compagnon de silence !

La Fileuse

Assise, la fileuse au bleu de la croisée
Où le jardin mélodieux se dodeline ;
Le rouet ancien qui ronfle l'a grisée.

Lasse, ayant bu l'azur, de filer la câline
Chevelure, à ses doigts si faibles évasive,
Elle songe, et sa tête petite s'incline.

Un arbuste et l'air pur font une source vive
Qui, suspendue au jour, délicieuse arrose
De ses pertes de fleurs le jardin de l'oisive.

Une tige, où le vent vagabond se repose,
Courbe le salut vain de sa grâce étoilée,
Dédiant magnifique, au vieux rouet, sa rose.

Mais la dormeuse file une laine isolée ;
Mystérieusement l'ombre frêle se tresse
Au fil de ses doigts longs et qui dorment, filée.

Le songe se dévide avec une paresse
Angélique, et sans cesse, au doux fuseau crédule,
La chevelure ondule au gré de la caresse...

Derrière tant de fleurs, l'azur se dissimule,
Fileuse de feuillage et de lumière ceinte :
Tout le ciel vert se meurt. Le dernier arbre brûle.

Ta sœur, la grande rose où sourit une sainte,
Parfume ton front vague au vent de son haleine
Innocente, et tu crois languir... Tu es éteinte

Au bleu de la croisée où tu filais la laine.

Charles GUÉRIN

(1873-1907)

Fils d'un grand industriel lorrain, Charles Guérin ne s'intéresse guère à ses études, préférant composer des vers. Et, dès l'âge de vingt ans, il publie son premier recueil. À Paris, il fait la connaissance de José-Maria de Heredia et, bientôt, baigne dans le cercle littéraire de l'époque. Ses amis s'appellent Paul Fort, Paul Léautaud et surtout Francis Jammes auquel il est très attaché. Son œuvre, profonde et mélancolique, est aujourd'hui bien trop négligée.

Au bout du chemin

Au bout du chemin
Le soleil se couche ;
Donne-moi ta main,
Donne-moi ta bouche.

Comme un cœur sans foi
Cette source est noire ;
J'ai soif, donne-moi
Tes larmes à boire.

Ô chute du jour !
Des angélus sonnent ;
Donne-moi l'amour
Dont tes seins frissonnent.

La route descend,
Blanc ruban de lieues,
Le dernier versant
Des collines bleues.

Arrêtons-nous ; vois,
Là-bas, ce feuillage
Où fument des toits,
Où rêve un village :

C'est là que je veux
Dormir sous les portes,
Parmi tes cheveux
Pleins de feuilles mortes.

Paul FORT

(1872-1960)

Ses poèmes, à la fois simples et lyriques, sont faits « pour être des chansons », disait Georges Brassens qui n'hésita d'ailleurs pas à mettre en musique « La Complainte du petit cheval blanc » ou « La Marine ». Paul Fort est un passionné de poésie, preuve en est ces réunions de lectures poétiques qu'il organise chaque semaine à la Closerie des Lilas et sa revue « Vers et prose » qui publiera Apollinaire ou Max Jacob. En 1912, il est nommé par ses pairs Prince des poètes, succédant ainsi à Verlaine ou Mallarmé.

La Ronde autour du monde

Si toutes les filles du monde
Voulaient s'donner la main,
Tout autour de la mer
Elles pourraient faire une ronde.

Si tous les gars du monde
Voulaient êtr'marins,
Ils f'raient avec leurs barques
Un joli pont sur l'onde.

Alors on pourrait faire
Une ronde autour du monde
Si tous les gens du monde
Voulaient s'donner la main.

Traducteurs, devons être. Chacun de
nous a près de soi, sur sa table ou son
bureau, un jeu d'invisibles, d'intel-
-lectuelles balances aux plateaux
d'argent, au fléau d'or, à l'arbre de
platine, à l'aiguille de diamant, ca-
-pables de marquer des écarts de frac-
-tions de milligrammes, capables de
peser les impondérables !

Valery LARBAUD

(1881-1957)

Dès 1908, ce riche héritier des sources d'eau de Vichy publie ses premiers vers dans le recueil « Poèmes pour un riche amateur », sans jamais avouer qu'il en est l'auteur. Grand voyageur, polyglotte, il supervise la traduction d'« Ulysse » de James Joyce à qui il empruntera son style, celui du monologue intérieur. Son roman le plus célèbre, « Fermina Márquez », souvent comparé au « Grand Meaulnes », le consacrera comme l'un des plus grands écrivains de son siècle.

Valery LARBAUD

(1881-1957)

Ode

Prête-moi ton grand bruit, ta grande allure si douce,
Ton glissement nocturne à travers l'Europe illuminée,
Ô train de luxe ! et l'angoissante musique
Qui bruit le long de tes couloirs de cuir doré,
Tandis que derrière les portes laquées, aux loquets de cuivre lourd,
Dorment les millionnaires.
Je parcours en chantonnant tes couloirs
Et je suis ta course vers Vienne et Budapesth,
Mêlant ma voix à tes cent mille voix,
Ô Harmonika-Zug !

J'ai senti pour la première fois toute la douceur de vivre,
Dans une cabine du Nord-Express, entre Wirballen et Pskow.
On glissait à travers des prairies ou des bergers,
Au pied de groupes de grands arbres pareils à des collines,
Étaient vêtus de peaux de moutons crues et sales...
(Huit heures du matin en automne, et la belle cantatrice
Aux yeux violets chantait dans la cabine à côté.)
Et vous, grandes places à travers lesquelles j'ai vu passer la Sibérie et les monts du Samnium,
La Castille âpre et sans fleurs, et la mer de Marmara sous une pluie tiède !

Prêtez-moi, ô Orient-Express, Sud-Brenner-Bahn, prêtez-moi
Vos miraculeux bruits sourds et
Vos vibrantes voix de chanterelle ;
Prêtez-moi la respiration légère et facile
Des locomotives hautes et minces, aux mouvements
Si aisés, les locomotives des rapides,
Précédant sans effort quatre wagons jaunes à lettres d'or
Dans les solitudes montagnardes de la Serbie,
Et, plus loin, à travers la Bulgarie pleine de roses...

Ah ! il faut que ces bruits et que ce mouvement
Entrent dans mes poèmes et disent
Pour moi ma vie indicible, ma vie
D'enfant qui ne veut rien savoir, sinon
Espérer éternellement des choses vagues.

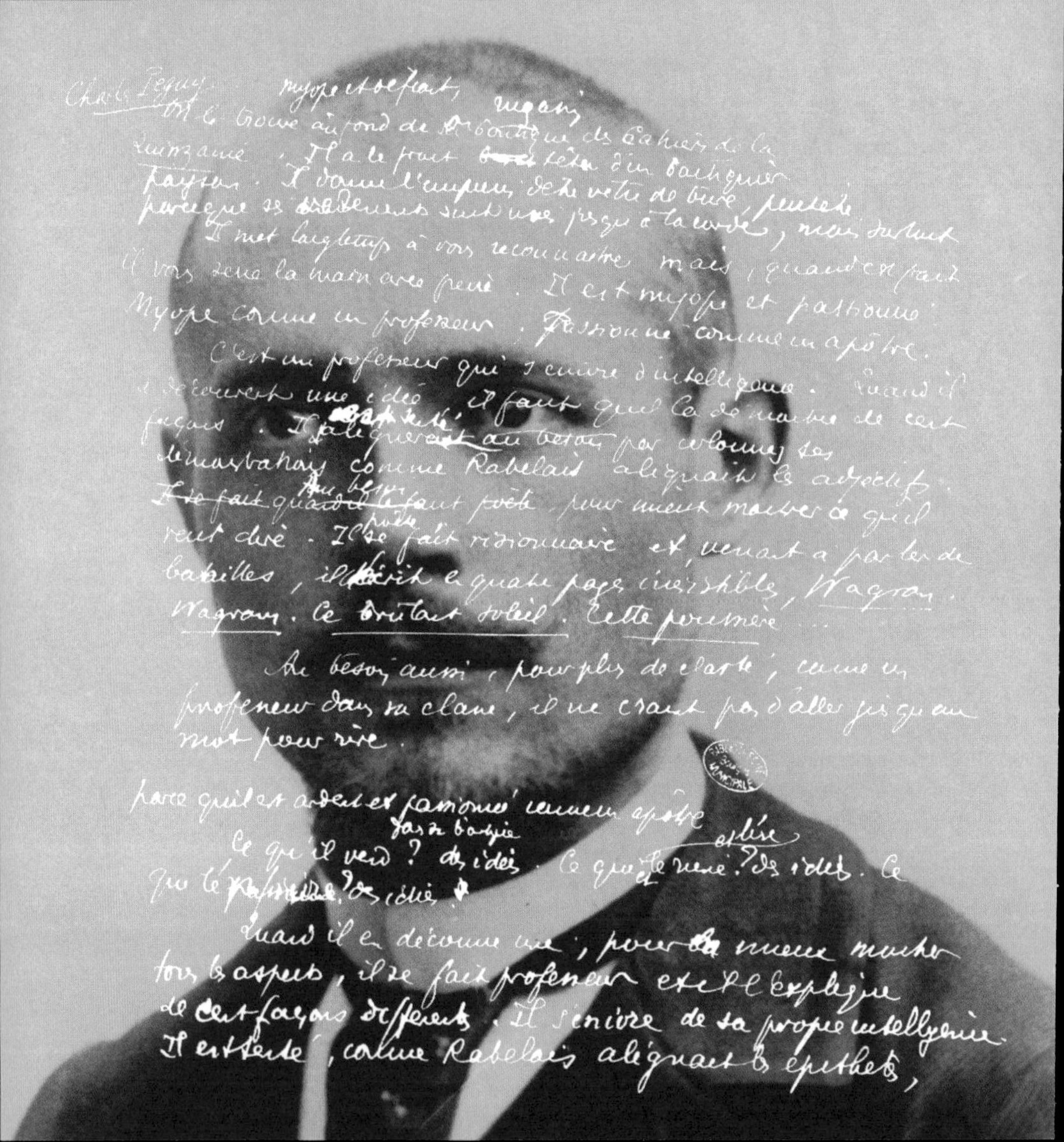
Charles Péguy
Wagram. Wagram. Ce brûlant soleil. Cette poussière...
Au besoin aussi, pour plus de clarté, comme un professeur dans sa classe, il ne craint pas d'aller jusqu'au mot pour rire.
parce qu'il est ardent et passionné comme un apôtre
Quand il en découvre une, pour en mieux montrer tous les aspects, il se fait professeur et il l'explique de cent façons différentes. Il s'enivre de sa propre intelligence.
comme Rabelais alignait les épithètes,

Charles PÉGUY

(1873-1914)

Issu d'un milieu modeste, Charles Péguy est un élève assidu qui parvient à entrer à l'École normale supérieure. Engagé, il se tourne vers le socialisme et devient l'un des plus grands défenseurs du capitaine Dreyfus. En 1908, Péguy retrouve la foi et se consacre à l'écriture d'une poésie mystique. Il compose deux recueils consacrés à Jeanne d'Arc et un long poème sur la Création, « Ève ». Il meurt au champ d'honneur à la veille de la bataille de la Marne.

Charles PÉGUY

(1873-1914)

Adieu à la Meuse

Adieu, Meuse endormeuse et douce à mon enfance,
Qui demeures aux près, où tu coules tout bas.
Meuse, adieu : j'ai déjà commencé ma partance
En des pays nouveaux, où tu ne coules pas.

Voici que je m'en vais vers des pays nouveaux ;
Je ferai la bataille et passerai les fleuves ;
Je m'en vais m'essayer à de nouveaux travaux,
Je m'en vais commencer là-bas les tâches neuves.

Et, pendant ce temps-là, Meuse ignorante et douce,
Tu couleras toujours, passante accoutumée,
Dans la vallée heureuse où l'herbe vive pousse,
O Meuse inépuisable et que j'avais aimée !

Tu couleras toujours dans l'heureuse vallée.
Où tu coulais hier, tu couleras demain.

Tu ne sauras jamais la bergère en allée
Qui s'amusait, enfant, à creuser de sa main
Des canaux dans la terre, à jamais écroulés.

La bergère s'en va, délaissant ses moutons ;
La fileuse s'en va délaissant ses fuseaux.
Voici que je m'en vais loin de tes bonnes eaux,
Voici que je m'en vais bien loin de nos maisons.

Châteaux de Loire

Le long du coteau courbe et des nobles vallées
Les châteaux sont semés comme des reposoirs,
Et dans la majesté des matins et des soirs
La Loire et ses vassaux s'en vont par ces allées.

Cent vingt châteaux lui font une suite courtoise,
Plus nombreux, plus nerveux, plus fins que des palais.
Ils ont nom Valençay, Saint-Aignan et Langeais,
Chenonceau et Chambord, Azay, le Lude, Amboise.

Et moi j'en connais un dans les châteaux de Loire
Qui s'élève plus haut que le château de Blois,
Plus haut que la terrasse où les derniers Valois
Regardaient le soleil se coucher dans sa gloire.

La moulure est plus fine et l'arceau plus léger.
La dentelle de pierre est plus dure et plus grave.
La décence et l'honneur et la mort qui s'y grave
Ont inscrit leur histoire au cœur de ce verger.

Et c'est le souvenir qu'a laissé sur ces bords
Une enfant qui menait son cheval vers le fleuve.
Son âme était récente et sa cotte était neuve.
Innocente elle allait vers le plus grand des sorts.

Car celle qui venait du pays tourangeau,
C'était la même enfant qui quelques jours plus tard,
Gouvernant d'un seul mot le rustre et le soudard,
Descendait devers Meung ou montait vers Jargeau.

Née à Paris mais d'ascendance gréco-roumaine, Anna de Noailles est l'une des rares poétesses connues et reconnues par ses contemporains. Sa poésie, sensuelle, passionnée et romantique, fait l'unanimité. Son célèbre salon de l'avenue Hoche attire les écrivains et les artistes de l'époque, tels qu'Edmond Rostand, Colette ou Jean Cocteau. Elle est la première femme à être nommée au grade de commandeur de la Légion d'honneur et la première présidente du prix Femina.

Anna de NOAILLES

(1876-1933)

L'Empreinte

Je m'appuierai si bien et si fort à la vie,
D'une si rude étreinte et d'un tel serrement
Qu'avant que la douceur du jour me soit ravie
Elle s'échauffera de mon enlacement.

La mer, abondamment sur le monde étalée,
Gardera dans la route errante de son eau
Le goût de ma douleur qui est âcre et salée
Et sur les jours mouvants roule comme un bateau.

Je laisserai de moi dans le pli des collines
La chaleur de mes yeux qui les ont vu fleurir
Et la cigale assise aux branches de l'épine
Fera crier le cri strident de mon désir.

Dans les champs printaniers la verdure nouvelle
Et le gazon touffu sur les bords des fossés
Sentiront palpiter et fuir comme des ailes
Les ombres de mes mains qui les ont tant pressés.

La nature qui fut ma joie et mon domaine
Respirera dans l'air ma persistante odeur
Et sur l'abattement de la tristesse humaine
Je laisserai la forme unique de mon cœur.

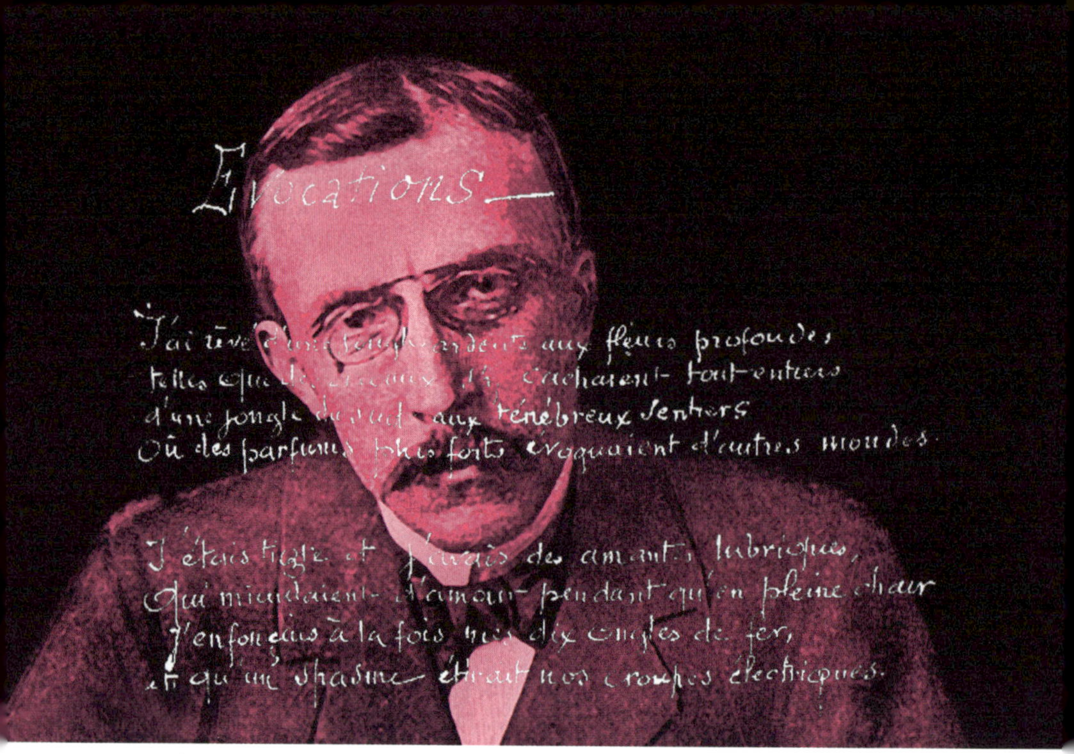

D'origine lilloise, Albert Samain débarque à Paris en 1880. Il fréquente les milieux littéraires et devient membre du club des Hydropathes où les participants déclament leurs propres vers devant des spectateurs. Influencé par Baudelaire, il compose des poèmes sensibles et mélancoliques et son premier recueil, « Au jardin de l'infante », publié en 1893, remporte un très grand succès. Samain est également célèbre pour être est l'inventeur d'une nouvelle forme poétique : le sonnet à quinze vers.

Albert SAMAIN

(1858-1900)

Ton souvenir est comme un livre

Ton souvenir est comme un livre bien aimé,
Qu'on lit sans cesse, et qui jamais n'est refermé,
Un livre où l'on vit mieux sa vie, et qui vous hante
D'un rêve nostalgique, où l'âme se tourmente.

Je voudrais, convoitant l'impossible en mes vœux,
Enfermer dans un vers l'odeur de tes cheveux ;
Ciseler avec l'art patient des orfèvres
Une phrase infléchie au contour de tes lèvres ;

Emprisonner ce trouble et ces ondes d'émoi
Qu'en tombant de ton âme, un mot propage en moi ;
Dire quelle mer chante en vagues d'élégie
Au golfe de tes seins où je me réfugie ;
Dire, oh surtout ! tes yeux doux et tièdes parfois
Comme une après-midi d'automne dans les bois ;
De l'heure la plus chère enchâsser la relique,
Et, sur le piano, tel soir mélancolique,
Ressusciter l'écho presque religieux
D'un ancien baiser attardé sur tes yeux.

Mon cher confrère
C'est bien entendu. Je serai
le 5 au café de l'Univers.
Je n'ai reçu qu'une lettre
sur les deux que vous
m'avez adressées et je l'ai
reçue avec un long retard.
Si Roinard le
veut bien je dirai quelques
mots à la fin du banquet.
Veuillez recevoir mon
cher confrère mes
compliments empressés
Guillaume Apollinaire

Guillaume APOLLINAIRE

(1880-1918)

Guglielmo Alberto Wladimiro Alessandro Apollinare de Kostrowitzky naît à Rome mais, en 1899, sa famille s'installe à Paris. Devenu journaliste, il côtoie les milieux intellectuels, devient l'ami de Picasso ou de Max Jacob, et l'amant de la peintre Marie Laurencin. En 1913, son recueil « Alcools » est publié. Viendront ensuite « Poèmes à Lou » et « Calligrammes », ces poèmes écrits en forme de dessins qui l'ont rendu célèbre. Blessé à la tempe en 1916 par un éclat d'obus, il meurt deux ans plus tard de la grippe espagnole.

Guillaume APOLLINAIRE

(1880-1918)

Le Pont Mirabeau

Sous le pont Mirabeau coule la Seine
Et nos amours
Faut-il qu'il m'en souvienne
La joie venait toujours après la peine.

Vienne la nuit sonne l'heure
Les jours s'en vont je demeure

Les mains dans les mains restons face à face
Tandis que sous
Le pont de nos bras passe
Des éternels regards l'onde si lasse

Vienne la nuit sonne l'heure
Les jours s'en vont je demeure

L'amour s'en va comme cette eau courante
L'amour s'en va
Comme la vie est lente
Et comme l'Espérance est violente

Vienne la nuit sonne l'heure
Les jours s'en vont je demeure

Passent les jours et passent les semaines
Ni temps passé
Ni les amours reviennent
Sous le pont Mirabeau coule la Seine

Vienne la nuit sonne l'heure
Les jours s'en vont je demeure

Guillaume APOLLINAIRE

(1880-1918)

L'Adieu

J'ai cueilli ce brin de bruyère
L'automne est morte souviens-t'en
Nous ne nous verrons plus sur terre
Odeur du temps brin de bruyère
Et souviens-toi que je t'attends

Automne malade

Automne malade et adoré
Tu mourras quand l'ouragan soufflera dans les roseraies
Quand il aura neigé
Dans les vergers

Pauvre automne
Meurs en blancheur et en richesse
De neige et de fruits mûrs
Au fond du ciel
Des éperviers planent
Sur les nixes nicettes aux cheveux verts et naines
Qui n'ont jamais aimé

Aux lisières lointaines
Les cerfs ont bramé

Et que j'aime ô saison que j'aime tes rumeurs
Les fruits tombant sans qu'on les cueille
Le vent et la forêt qui pleurent
Toutes leurs larmes en automne feuille à feuille
Les feuilles
Qu'on foule
Un train
Qui roule
La vie
S'écoule

*Sa famille est
originaire du Pays basque,
mais c'est en Uruguay
que naît Jules Supervielle.
Il partage sa vie entre son pays
natal et la France
où il publie, en 1922,
ses premiers poèmes importants,
d'inspiration parnassienne,
avec « Débarcadères ».
Grand voyageur, il est l'ami
d'André Gide, de Paul Valéry,
d'Henri Michaux
et particulièrement
de Jean Paulhan dont
il requiert l'avis avant
chaque publication
de ses poèmes. En 1955,
l'Académie française
lui décerne le Grand Prix
de la littérature.*

Jules SUPERVIELLE

(1884-1960)

Encore frissonnant

Encore frissonnant
Sous la peau des ténèbres
Tous les matins je dois
Recomposer un homme
Avec tout ce mélange
De mes jours précédents
Et le peu qui me reste
De mes jours à venir.
Me voici tout entier,
Je vais vers la fenêtre.
Lumière de ce jour,
Je viens du fond des temps,
Respecte avec douceur
Mes minutes obscures,
Épargne encore un peu
Ce que j'ai de nocturne,
D'étoilé en dedans
Et de prêt à mourir
Sous le soleil montant
Qui ne sait que grandir.

Francis CARCO

(1886-1958)

Son père est gardien du bagne de Nouméa. C'est dans cette ville de Nouvelle-Calédonie que Francis Carco voit le jour avant que la famille ne rejoigne la région parisienne. Ce père autoritaire le fait se réfugier dans la poésie. Il fonde en 1911 l'École fantaisiste avec Paul-Jean Toulet et publie un an plus tard son premier recueil : « La Bohême et mon cœur ». Carco devient l'amant de l'écrivain Katherine Mansfield, un amour qui l'obsédera longtemps. Il connut de son vivant un succès considérable.

Il pleut

Il pleut – c'est merveilleux. Je t'aime.
Nous resterons à la maison :
Rien ne nous plaît plus que nous-mêmes
Par ce temps d'arrière-saison.

Il pleut. Les taxis vont et viennent.
On voit rouler les autobus
Et les remorqueurs sur la Seine
Font un bruit... qu'on ne s'entend
plus !

C'est merveilleux : il pleut. J'écoute
La pluie dont le crépitement
Heurte la vitre goutte à goutte...
Et tu me souris tendrement.

Je t'aime. Oh ! ce bruit d'eau qui pleure,
Qui sanglote comme un adieu.
Tu vas me quitter tout à l'heure :
On dirait qu'il pleut dans tes yeux.

Saint-John PERSE

(1887-1975)

Il est le poète de l'exil et pour cause : Alexis Leger, dit Saint-John Perse, naît à la Guadeloupe et quitte son île natale à l'âge de douze ans. Ce départ est une déchirure. Installé avec sa famille à Pau, il mène de brillantes études et publie son premier recueil en 1911, « Éloges », qui est immédiatement remarqué. Nommé secrétaire d'ambassade à Pékin, il y vivra cinq ans, fasciné par la culture asiatique. Il reçoit le prix Nobel de littérature en 1960.

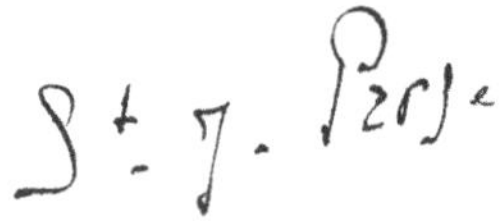

Porte ouverte sur les sables

Portes ouvertes sur les sables, portes ouvertes sur l'exil

Les clés aux gens du phare, et l'astre roué vif sur la pierre du seuil :

Mon hôte, laissez-moi votre maison de verre sur les sables...

L'Été de gypse aiguise ses fers de lance dans nos plaies,

J'élis un lieu flagrant et nul comme l'ossuaire des saisons,

Et, sur toutes grèves de ce monde, l'esprit du dieu fumant déserte sa couche [d'amiante.]

Les spasmes de l'éclair sont pour le ravissement des Princes en Tauride.

... J'aime les étoffes lourdes, - les velours,
les brocarts, - fintramées d'orfroi ou imbibées de
pourpre et ces tissus inouïs de Golconde
dont se revêtissaient les Courtisanes Sacrées.

Blaise CENDRARS

(1887-1961)

Il est l'incarnation de l'écrivain bourlingueur, lui qui s'enfuit de chez lui à seize ans pour voyager. À vingt-six ans, il publie « La Prose du Transsibérien » et renouvelle à lui seul la poésie française. Un souffle nouveau qui déconcerte les anciens. Engagé volontaire dans l'armée française, il perd son bras droit en 1915. De ce jour, son regard sur le monde ne sera plus le même. Il se tourne vers le roman et le cinéma mais demeure à jamais le grand poète de l'aventure.

Blaise CENDRARS

(1887-1961)

Tu es plus belle que le ciel et la mer

Quand tu aimes il faut partir
Quitte ta femme quitte ton enfant
Quitte ton ami quitte ton amie
Quitte ton amante quitte ton amant
Quand tu aimes il faut partir

Le monde est plein de nègres et de négresses
Des femmes des hommes des hommes des femmes
Regarde les beaux magasins
Ce fiacre cet homme cette femme ce fiacre
Et toutes les belles marchandises

Il y a l'air il y a le vent
Les montagnes l'eau le ciel la terre
Les enfants les animaux
Les plantes et le charbon de terre

Apprends à vendre à acheter à revendre
Donne prends donne prends

Quand tu aimes il faut savoir
Chanter courir manger boire
Siffler
Et apprendre à travailler

Quand tu aimes il faut partir
Ne larmoie pas en souriant
Ne te niche pas entre deux seins
Respire marche pars va-t'en

Je prends mon bain et je regarde
Je vois la bouche que je connais
La main la jambe l'œil
Je prends mon bain et je regarde

Le monde entier est toujours là
La vie pleine de choses surprenantes
Je sors de la pharmacie
Je descends juste de la bascule
Je pèse mes 80 kilos
Je t'aime

Fidèle.
Vivant dans un village calme
D'où la route part longue et dure
Pour un lieu de sang et de larmes
Nous sommes purs.

Paul ÉLUARD

(1895-1952)

Poète surréaliste, Paul Éluard prend part au mouvement dada avec André Breton, Louis Aragon et Philippe Soupault. Gala, une jeune fille dont il tombe fou amoureux, devient sa muse. Il l'épouse en 1916 mais elle le quittera douze ans plus tard pour Salvatore Dali. Sa poésie, dédiée à l'amour mais aussi à ses combats – il est le grand poète de la Résistance – font de lui une immense figure de la littérature française. Auteur prolifique, Éluard aura publié plus de cent recueils.

Paul ÉLUARD

(1895-1952)

Liberté

Sur mes cahiers d'écolier
Sur mon pupitre et les arbres
Sur le sable sur la neige
J'écris ton nom

Sur toutes les pages lues
Sur toutes les pages blanches
Pierre sang papier ou cendre
J'écris ton nom

Sur les images dorées
Sur les armes des guerriers
Sur la couronne des rois
J'écris ton nom

Sur la jungle et le désert
Sur les nids sur les genêts
Sur l'écho de mon enfance
J'écris ton nom

Sur les merveilles des nuits
Sur le pain blanc des journées
Sur les saisons fiancées
J'écris ton nom

Sur tous mes chiffons d'azur
Sur l'étang soleil moisi
Sur le lac lune vivante
J'écris ton nom

Sur les champs sur l'horizon
Sur les ailes des oiseaux
Et sur le moulin des ombres
J'écris ton nom

Sur chaque bouffée d'aurore
Sur la mer sur les bateaux
Sur la montagne démente
J'écris ton nom

Sur la mousse des nuages
Sur les sueurs de l'orage
Sur la pluie épaisse et fade
J'écris ton nom

Sur les formes scintillantes
Sur les cloches des couleurs
Sur la vérité physique
J'écris ton nom

Sur les sentiers éveillés
Sur les routes déployées
Sur les places qui débordent
J'écris ton nom

Sur la lampe qui s'allume
Sur la lampe qui s'éteint
Sur mes maisons réunies
J'écris ton nom

Sur le fruit coupé en deux
Du miroir et de ma chambre
Sur mon lit coquille vide
J'écris ton nom

Sur mon chien gourmand et tendre
Sur ses oreilles dressées
Sur sa patte maladroite
J'écris ton nom

Sur le tremplin de ma porte
Sur les objets familiers
Sur le flot du feu béni
J'écris ton nom

Sur toute chair accordée
Sur le front de mes amis
Sur chaque main qui se tend
J'écris ton nom

Sur la vitre des surprises
Sur les lèvres attentives
Bien au-dessus du silence
J'écris ton nom

Sur mes refuges détruits
Sur mes phares écroulés
Sur les murs de mon ennui
J'écris ton nom

Sur l'absence sans désir
Sur la solitude nue
Sur les marches de la mort
J'écris ton nom

Sur la santé revenue
Sur le risque disparu
Sur l'espoir sans souvenir
J'écris ton nom

Et par le pouvoir d'un mot
Je recommence ma vie
Je suis né pour te connaître
Pour te nommer

Liberté.

Après avoir participé au mouvement dada, Louis Aragon crée, avec d'autres poètes, le groupe des surréalistes en 1924. Au même moment, il rejoint le Parti communiste. Sa rencontre avec l'écrivain Elsa Triolet est un tournant. Elle devient sa muse et, pour elle, il compose ses plus beaux poèmes. Farouchement antinazi pendant la Seconde Guerre mondiale, il entre dans la clandestinité puis, à la Libération, fonde le Comité national des écrivains. Il sera inhumé auprès d'Elsa, disparue douze ans plus tôt.

Louis ARAGON

(1897-1982)

Les Yeux d'Elsa

Tes yeux sont si profonds qu'en me penchant pour boire
J'ai vu tous les soleils y venir se mirer
S'y jeter à mourir tous les désespérés
Tes yeux sont si profonds que j'y perds la mémoire

À l'ombre des oiseaux c'est l'océan troublé
Puis le beau temps soudain se lève et tes yeux changent
L'été taille la nue au tablier des anges
Le ciel n'est jamais bleu comme il l'est sur les blés

Les vents chassent en vain les chagrins de l'azur
Tes yeux plus clairs que lui lorsqu'une larme y luit
Tes yeux rendent jaloux le ciel d'après la pluie
Le verre n'est jamais si bleu qu'à sa brisure

Louis ARAGON

(1897-1982)

Mère des Sept douleurs ô lumière mouillée
Sept glaives ont percé le prisme des couleurs
Le jour est plus poignant qui point entre les pleurs
L'iris troué de noir plus bleu d'être endeuillé

Tes yeux dans le malheur ouvrent la double brèche
Par où se reproduit le miracle des Rois
Lorsque le cœur battant ils virent tous les trois
Le manteau de Marie accroché dans la crèche

Une bouche suffit au mois de Mai des mots
Pour toutes les chansons et pour tous les hélas
Trop peu d'un firmament pour des millions d'astres
Il leur fallait tes yeux et leurs secrets gémeaux

L'enfant accaparé par les belles images
Écarquille les siens moins démesurément
Quand tu fais les grands yeux je ne sais si tu mens
On dirait que l'averse ouvre des fleurs sauvages

Cachent-ils des éclairs dans cette lavande où
Des insectes défont leurs amours violentes
Je suis pris au filet des étoiles filantes
Comme un marin qui meurt en mer en plein mois d'août

J'ai retiré ce radium de la pechblende
Et j'ai brûlé mes doigts à ce feu défendu
Ô paradis cent fois retrouvé reperdu
Tes yeux sont mon Pérou ma Golconde mes Indes

Il advint qu'un beau soir l'univers se brisa
Sur des récifs que les naufrageurs enflammèrent
Moi je voyais briller au-dessus de la mer
Les yeux d'Elsa les yeux d'Elsa les yeux d'Elsa.

Louis BRAUQUIER

(1900-1976)

Employé des Messageries maritimes, le Marseillais Louis Brauquier a, de 1926 à 1960, parcouru le monde. Sa poésie est le reflet de ses voyages en mer, lui, le passionné des cargos, des îles lointaines et exotiques. Il est l'un des fondateurs des « Cahiers du Sud », cette revue littéraire qui fit découvrir tant de talents. Ce poète peu connu aimait qu'il en soit ainsi, disant même préférer l'écriture, la peinture et sa famille aux honneurs.

J'aime les grands cargos arrêtés dans les rades

J'aime les grands cargos arrêtés dans les rades,

Qui ne se mêlent pas à la vie de la ville

Et libèrent le soir des marins éperdus.

Il faudra bien qu'un jour j'étouffe le nomade,

Mais au coin de quel quai et dans quel port de mer,

Dans quelle rue où les fanaux seront témoins,

Sur le seuil de quel bar, écœuré d'exotisme,

Aurai-je assez de force et le goût de tuer ?

Terres cuites de Béotie.
Elles sont dans un musée, derrière une vitre, en Grèce, et les
hommes qui les ont sculptées, comme on dit, vivaient 9 à
7 siècles avant Jésus-Christ, c'est à dire il y a très très
longtemps … à ce qu'il paraît.

Jacques PRÉVERT

(1900-1977)

Il est sans doute le plus populaire des poètes français contemporains. Ses jeux de mots, sa naïveté ironique, sa liberté de ton plaisent à un public très large. Auteur éclectique, Prévert est, dans les années 1940, un célèbre dialoguiste et scénariste pour le cinéma. D'abord proche du surréalisme, il s'en éloigne peu à peu et publie en 1946 son célèbre recueil « Paroles ». Ses poèmes sont adaptés en chansons ; on lui doit, entre autres, les fameuses « Feuilles mortes », immortalisées par Yves Montand.

Barbara

Rappelle-toi Barbara
Il pleuvait sans cesse sur Brest ce jour-là
Et tu marchais souriante
Épanouie ravie ruisselante
Sous la pluie
Rappelle-toi Barbara
Il pleuvait sans cesse sur Brest
Et je t'ai croisée rue de Siam
Tu souriais
Et moi je souriais de même
Rappelle-toi Barbara
Toi que je ne connaissais pas
Toi qui ne me connaissais pas

Jacques PRÉVERT

(1900-1977)

Rappelle-toi
Rappelle-toi quand même jour-là
N'oublie pas
Un homme sous un porche s'abritait
Et il a crié ton nom
Barbara
Et tu as couru vers lui sous la pluie
Ruisselante ravie épanouie
Et tu t'es jetée dans ses bras
Rappelle-toi cela Barbara
Et ne m'en veux pas si je te tutoie
Je dis tu à tous ceux que j'aime
Même si je ne les ai vus qu'une seule fois
Je dis tu à tous ceux qui s'aiment
Même si je ne les connais pas
Rappelle-toi Barbara
N'oublie pas
Cette pluie sage et heureuse
Sur ton visage heureux
Sur cette ville heureuse
Cette pluie sur la mer
Sur l'arsenal
Sur le bateau d'Ouessant

Oh Barbara
Quelle connerie la guerre
Qu'es-tu devenue maintenant
Sous cette pluie de fer
De feu d'acier de sang
Et celui qui te serrait dans ses bras
Amoureusement
Est-il mort disparu ou bien encore vivant
Oh Barbara
Il pleut sans cesse sur Brest
Comme il pleuvait avant
Mais ce n'est plus pareil et tout est abîmé
C'est une pluie de deuil terrible et désolée
Ce n'est même plus l'orage
De fer d'acier de sang
Tout simplement des nuages
Qui crèvent comme des chiens
Des chiens qui disparaissent
Au fil de l'eau sur Brest
Et vont pourrir au loin
Au loin très loin de Brest
Dont il ne reste rien.

Il n'a pas quinze ans quand il écrit ses premiers poèmes. René Guy Cadou rencontre un libraire de Nantes qui lui présente Max Jacob et Pierre Reverdy. En 1937, il publie son premier recueil, « Brancardiers de l'Aube », puis fait la connaissance, en 1943, de celle qui deviendra sa femme et son inspiratrice, Hélène. Sa poésie, simple et élégante, raconte l'amour mais aussi les horreurs de la guerre. Devenu instituteur, il est emporté par un cancer à l'âge de trente et un ans.

René Guy CADOU

(1920-1951)

Hélène

Je t'atteindrai Hélène
À travers les prairies
À travers les matins de gel et de lumière
Sous la peau des vergers
Dans la cage de pierre
Où ton épaule fait son nid

Tu es de tous les jours
L'inquiète la dormante.
Sur mes yeux
Tes deux mains sont des barques errantes
À ce front transparent
On reconnaît l'été
Et lorsqu'il me suffit de savoir ton passé
Les herbes les gibiers les fleuves me répondent

Sans t'avoir jamais vue
Je t'appelais déjà
Chaque feuille en tombant
Me rappelait ton pas
La vague qui s'ouvrait
Recréait ton visage
Et tu étais l'auberge
Aux portes des villages

Trompettiste, chanteur, scénariste, peintre, romancier ou poète, Boris Vian était curieux de tout. Son recueil le plus célèbre, « Je voudrais pas crever », qui paraît après sa mort, est composé en 1952, lors d'une période sombre de sa vie. Dans la poésie de Vian, on retrouve une certaine mélancolie mais aussi tout ce qui a fait sa réputation : la farce, l'extravagance, le fantastique, l'antimilitarisme et la pataphysique de Jarry dont il s'est inspiré.

Boris VIAN

(1920-1959)

À tous les enfants

À tous les enfants qui sont partis le sac à dos
Par un brumeux matin d'avril
Je voudrais faire un monument
À tous les enfants
Qui ont pleuré le sac au dos
Les yeux baissés sur leurs chagrins
Je voudrais faire un monument
Pas de pierre, pas de béton
Ni de bronze qui devient vert
Sous la morsure aiguë du temps
Un monument de leur souffrance
Un monument de leur terreur
Aussi de leur étonnement
Voilà le monde parfumé,
Plein de rires, plein d'oiseaux bleus
Soudain griffé d'un coup de feu
Un monde neuf où sur un corps
qui va tomber.
Grandit une tache de sang
Mais à tous ceux qui sont restés
Les pieds au chaud, sous leur bureau
En calculant le rendement
De la guerre qu'ils ont voulue
À tous les gras tous les cocus
Qui ventripotent dans la vie
Et comptent et comptent leurs écus
À tous ceux-là je dresserai
Le monument qui leur convient
Avec la schlague, avec le fouet
Avec mes pieds avec mes poings
Avec des mots qui colleront
Sur leurs faux-plis sur leurs bajoues
Des larmes de honte et de boue.

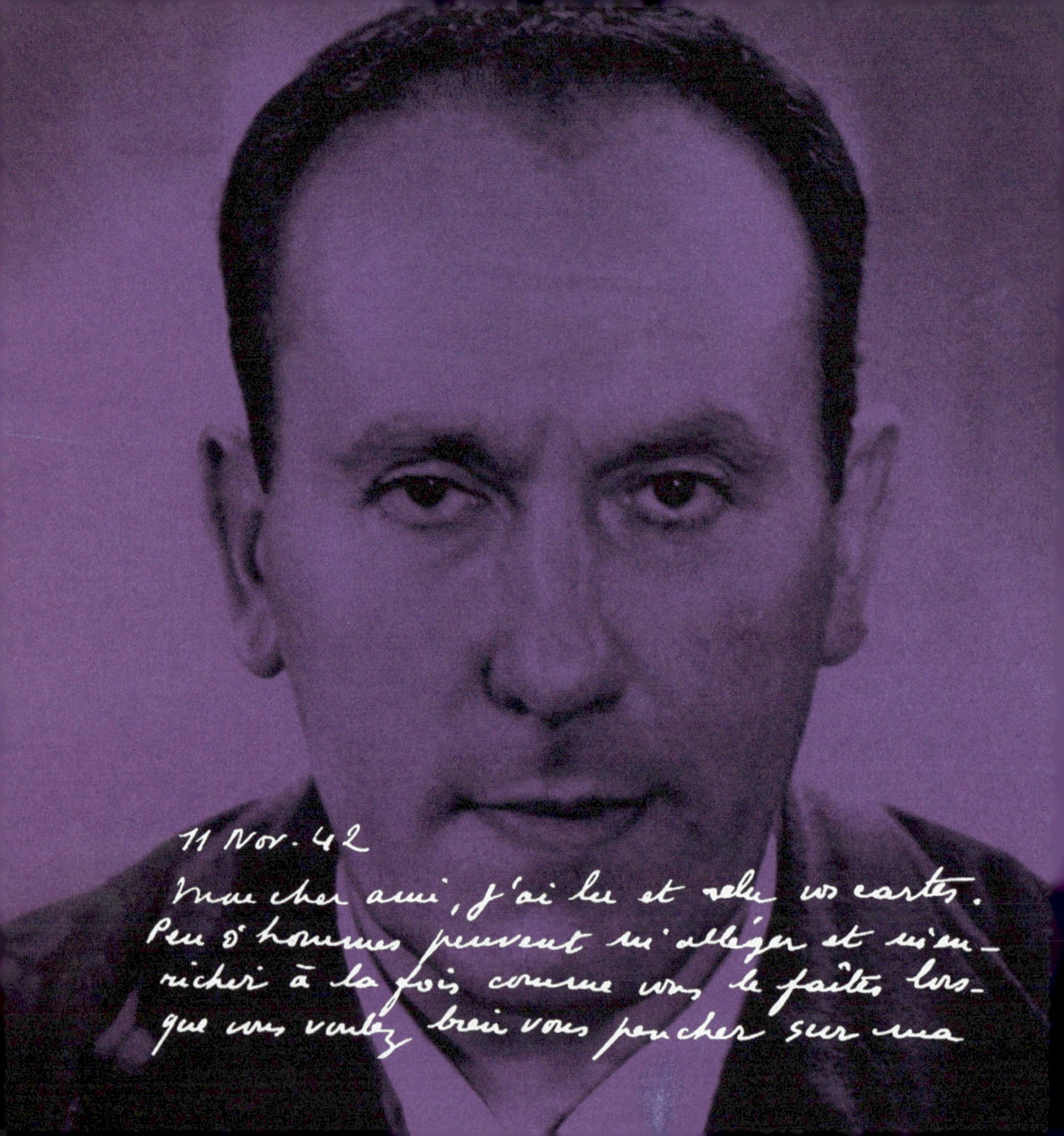
11 Nov. 42
Mon cher ami, j'ai lu et relu vos cartes.
Peu d'hommes peuvent m'alléger et m'en-
richir à la fois comme vous le faites lors-
que vous voulez bien vous pencher sur ma

René CHAR

(1907-1988)

Dès l'âge de vingt-deux ans, ses écrits attirent l'attention de Paul Éluard et d'André Breton : il rejoint les surréalistes. Mais, solitaire dans l'âme, il reprend son indépendance. Sous le nom d'Alexandre, il participe activement à la Résistance et ses notes du maquis sont regroupées dans le recueil « Les Feuillets d'Hypnos ». Après la guerre, il se fait plus productif que jamais et devient l'ami d'Albert Camus, qui lui avouera : « Avant de vous connaître, je me passais de la poésie. »

Allégeance

Dans les rues de la ville il y a mon amour. Peu importe où il va dans le temps divisé. Il n'est plus mon amour, chacun peut lui parler. Il ne se souvient plus ; qui au juste l'aima ?
Il cherche son pareil dans le vœu des regards. L'espace qu'il parcourt est ma fidélité. Il dessine l'espoir et léger l'éconduit. Il est prépondérant sans qu'il y prenne part.
Je vis au fond de lui comme une épave heureuse. À son insu, ma solitude est son trésor. Dans le grand méridien où s'inscrit son essor, ma liberté le creuse.
Dans les rues de la ville il y a mon amour. Peu importe où il va dans le temps divisé. Il n'est plus mon amour, chacun peut lui parler. Il ne se souvient plus ; qui au juste l'aima et l'éclaire de loin pour qu'il ne tombe pas ?

Il a été dessinateur, cinéaste, dramaturge et romancier, mais Jean Cocteau aimait à se définir avant tout comme poète. Il publie à compte d'auteur son premier recueil à l'âge de vingt ans et devient très vite célèbre dans la bohème artistique du début du XXe siècle. Dandy, ami des plus grands peintres ou écrivains, il ne cesse de composer, s'inspire des mouvements futuristes, dadaïstes ou cubistes. En 1955, ce touche-à-tout hors norme est élu à l'Académie française et disparaît huit ans plus tard.

Jean COCTEAU

(1889-1963)

Le chercheur dort

Coq de roche il éclate aux montagnes Rocheuses
Ton cri de roc en roc.
Éveillant dans leur couche humide les chercheuses,
Les chercheuses d'or, coq !

Cherchez les feuilles d'or et les lames de sabre
Et les lames de soc.
Dans l'écume sanglante où le bateau se cabre
À la crête du coq.

L'adolescent parcourt, dès l'aube scélérate,
Rêve, tes corridors ;
Et mieux que dans le lit du Tigre et de l'Euphrate
Trouve des lingots d'or.

Il meurt pour s'endormir sous le soleil des fièvres,
Et se réveille mort...
Chercheuses d'or mettez votre doigt sur vos lèvres :
Halte ! Le chercheur dort.

Dandy, noceur, le jeune Henry Jean-Marie Levet, dit Henry J.-M. Levey, mène une vie dissolue dans la capitale. Il choisit de devenir diplomate tant il rêve de voyage. Il embarque pour l'Inde, les Philippines, les Canaries. De ces pays lointains, il écrit des poèmes qu'il envoie à ses amis. Rebaptisés « Cartes postales » par ses éditeurs, ils paraissent d'abord dans une revue puis seront regroupés après sa mort en un recueil grâce à ses fervents admirateurs Valery Larbaud et Léon-Paul Fargue.

Henry J.-M. LEVEY

(1874-1906)

Outwards

L'Armand-Béhic (des Messageries Maritimes)
File quatorze nœuds sur l'Océan Indien...
Le soleil se couche en des confitures de crimes,
Dans cette mer plate comme avec la main.

Miss Roseway, qui se rend à Adelaïde,
Vers le Sweet Home au fiancé australien,
Miss Roseway, hélas, n'a cure de mon spleen ;
Sa lorgnette sur les Laquedives, au loin...

Je vais me préparer – sans entrains ! – pour la fête
De ce soir : sur le pont, lampions, danses, romances
(Je dois accompagner miss Roseway qui quête

Fort gentiment – pour les familles des marins
Naufragés !) Oh, qu'en valse lente, ses reins
À mon bras droit, je l'entraîne sans violence

Dans un naufrage où Dieu reconnaîtrait les siens...

Femme de lettres réputée, grande voyageuse, premier amour d'Antoine de Saint-Exupéry, Louise de Vilmorin est d'abord célébrée pour ses romans. Mais, dès 1939, elle compose des poèmes, à la fois plein d'esprit et de mélancolie. Elle aime s'amuser avec les vers et manie avec humour holorimes et palindromes. Le compositeur Francis Poulenc mettra en musique quelques-unes de ses poésies qu'il comparait à celles de Paul Éluard ou de Max Jacob.

Louise de VILMORIN

(1902-1969)

Mon cadavre est doux comme un gant

Mon cadavre est doux comme un gant
Doux comme un gant de peau glacée
Et mes prunelles effacées
Font de mes yeux des cailloux blancs.

Deux cailloux blancs dans mon visage,
Dans le silence deux muets
Ombrés encore d'un secret
Et lourds du poids mort des images.

Mes doigts tant de fois égarés
Sont joints en attitude sainte
Appuyés au creux de mes plaintes
Au nœud de mon cœur arrêté.

Et mes deux pieds sont les montagnes,
Les deux derniers monts que j'ai vus
À la minute où j'ai perdu
La course que les années gagnent.

Mon souvenir est ressemblant,
Enfants emportez-le bien vite,
Allez, allez, ma vie est dite.
Mon cadavre est doux comme un gant.

SOMMAIRE

SOMMAIRE

SOMMAIRE

SOMMAIRE

DÉJÀ PARUS, DANS LA COLLECTION DES « 100 »

Les 100 choses à avoir faites au moins une fois dans sa vie à Paris
(*Figaroscope*, 2013)

100 pièges à éviter pour écrire et parler un excellent français
(*Le Figaro littéraire*, 2014)

100 choses à avoir faites au moins une fois dans sa vie à Paris
avec ses enfants
(*Figaroscope*, 2014)

100 bonnes & mauvaises manières à connaître dans la vie
Le Guide du bien-élevé
(*Le Figaro*, 2015)

Les 100 citations et locutions pour ne pas perdre son latin
(*Le Figaro littéraire*, 2015)

100 expressions héritées de l'Histoire
(*Le Figaro littéraire*, 2015)

100 expressions favorites de nos grands-mères
(*Le Figaro littéraire*, 2016)

100 anglicismes à ne plus jamais utiliser !
(*Le Figaro littéraire*, 2016)

100 bonnes & mauvaises manières à connaître.
Le Guide du bien-élevé en vacances
(*Le Figaro*, 2016)

100 lieux du patrimoine français à avoir vus au moins une fois dans sa vie
(*Le Figaro*, 2016)

100 pour cent chic
Le Guide de l'élégance au masculin
(*Le Figaro Magazine*, 2016)

Aux origines des 100 superstitions qui hantent
ou réjouissent notre quotidien
(*Le Figaro*, 2017)

Le Tour de France des 100 péchés mignons
(*Le Figaro*, 2017)

100 lieux pour se ressourcer en France
(*Le Figaro Magazine*, 2017)

100 lieux qui ont fait la France
(*Le Figaro Magazine*, 2017)

100 expressions savoureuses à partager entre petits & grands
(*Le Figaro*, 2017)

100 châteaux qu'il faut connaître à Bordeaux
(*Le Figaro Vin*, 2018)

Les 100 inventions qui font la fierté de la France
(*Le Figaro Magazine*, 2018)

Les 100 expressions à éviter au bureau & ailleurs
(*Le Figaro*, 2018)

Les 100 romans français
(*Le Figaro*, 2018)

L'AUTEUR

Laurence Caracalla est née et vit à Paris. Après avoir travaillé quinze ans dans l'édition, elle collabore aujourd'hui au *Figaro littéraire* et au *Figaro Magazine*. Elle a également écrit une vingtaine d'ouvrages dont quelques-uns consacrés au savoir-vivre.